Giorgio Agamben

Opus Dei

Archäologie des Amts

Übersetzt von Michael Hack

S. FISCHER

MIX
Papier aus verantwortungsvollen Quellen
FSC® C083411

Erschienen bei S. FISCHER

Satz: Pinkuin Satz und Datentechnik, Berlin
Druck und Bindung: CPI books GmbH, Leck
ISBN 978-3-10-000535-9

Inhalt

Vorwort

Opus Dei ist der Terminus technicus, der in der lateinischen Tradition der katholischen Kirche bereits seit dem 6. Jahrhundert die Liturgie bezeichnet, also den »Vollzug des Priesteramtes Jesu Christi; ... in ihr wird ... vom mystischen Leib Jesu Christi, d. h. dem Haupt und den Gliedern, der gesamte öffentliche Kult vollzogen« (Konstitution über die Heilige Liturgie vom 4. Dezember 1963).
Das Wort »Liturgie« (vom griechischen *leitourgia*, »öffentliche Dienstleistung«) selbst dagegen ist vergleichsweise jung: Bevor sich sein Gebrauch gegen Ende des 19. Jahrhunderts nach und nach verbreitete, finden wir an seiner Stelle den lateinischen Begriff *officium*, dessen semantische Sphäre aber nicht leicht zu bestimmen ist und dem sein Erfolg in der Theologie, zumindest auf den ersten Blick, nicht in die Wiege gelegt war.
In *Herrschaft und Herrlichkeit* hatten wir das liturgische Mysterium hauptsächlich von der Seite betrachtet, die zu Gott gerichtet ist, also seinen objektiven und herrlichen, »glorreichen« Aspekt; die archäologische Untersuchung in diesem Band dagegen richtet sich auf den Gesichtspunkt, der vor allem die Priester betrifft, diejenigen also, denen gleichsam der »Dienst am Mysterium« obliegt. Und so, wie wir in *Herrschaft und Herrlichkeit* versucht hatten, das »Mysterium der Ökonomie« zu erhellen, das die Theologen konstruiert hatten, indem sie einen an sich klaren Ausdruck des Paulus umgekehrt hatten, ging es jetzt darum, das liturgische Mysterium dem Dunkel und der Un-

bestimmtheit der modernen Schriften zum Thema zu entreißen und es zurückzuführen zur Strenge und zur Pracht der großen mittelalterlichen Abhandlungen des Amalarius von Metz oder Guillaume Durands. In Wirklichkeit ist die Liturgie so wenig geheimnisvoll, dass man sie auch als den vielleicht radikalsten Versuch fassen kann, eine ausschließlich und vollständig wirkmächtige Praxis zu denken. Das Geheimnis der Liturgie ist, so gesehen, das Geheimnis der Wirklichkeit, und nur wenn man dieses Arkanum versteht, kann man begreifen, welch gewaltigen Einfluss diese nur scheinbar abgeschiedene Praxis auf das moderne Verständnis von Ontologie und Ethik, Politik und Ökonomie ausgeübt hat.

Wie es bei einer archäologischen Untersuchung meist der Fall ist, so hat uns auch diese weit vom Ort der ursprünglichen Fragestellung entfernt. Die Verbreitung des Begriffs »Amt« [ufficio] in den verschiedensten Bereichen des gesellschaftlichen Lebens bezeugt, welch beständige und durchdringende Anziehungskraft das vom *opus Dei* konstitutierte Paradigma für die säkulare Kultur des Westens entfaltet hat. Wirksamer als das Gesetz, weil es nicht übertreten, sondern nur gefälscht werden kann; wirklicher als das Sein, weil es nur aus der Tätigkeit besteht, die Realität herstellt; wirksamer als jede menschliche Tat, weil sie *ex opere operato* handelt, unabhängig von den Eigenschaften des Subjekts, das sie durchführt – das Amt hat einen derart tiefgreifenden – das heißt untergründigen – Einfluss auf die moderne Kultur, dass wir übersehen, wie nicht nur die Begrifflichkeit der Kantischen Ethik und diejenige von Kelsens reiner Rechtslehre (um nur zwei sicherlich entscheidende Momente seiner Geschichte zu benennen) vollständig von ihm abhängen, sondern dass auch der politische Aktivist und der Funktionär eines Ministeriums vom gleichen Paradigma geleitet werden.

In diesem Sinne steht das Konzept des Amts für eine grundlegende Transformation der Kategorien der Ontologie und der Praxis, deren Bedeutung noch ermessen werden muss. Im Amt verschwimmen Sein und Praxis, das, was der Mensch tut, und das, was er ist, in einem Bereich der Ununterscheidbarkeit, in dem das Sein sich in seinen praktischen Wirkungen auflöst und, in vollkommener Zirkularität, dasjenige ist, was es (sein) soll, und das (sein) soll, was es ist.

Operativität[1] und Wirklichkeit bestimmen in dieser Hinsicht das ontologische Paradigma, welches im Verlauf eines jahrhundertelangen Prozesses das der klassischen Philosophie ersetzt hat: Letzten Endes – diese These stellt die vorliegende Untersuchung zur Diskussion – haben wir heute sowohl vom Sein wie vom Tun keine andere Darstellung als die Wirklichkeit. Real ist, was wirkmächtig und damit regelbar und wirksam ist: So umfassend hat das Amt, in der schlichten Kluft des Beamten wie im strahlenden Gewand des Priesters, die Regeln zuerst der Philosophie und dann der Ethik umgekrempelt.

Möglicherweise befindet sich dieses Paradigma heute in einer tiefen Krise, deren Ende noch nicht absehbar ist. Auch wenn die Liturgie im 20. Jahrhundert erneut eine große

1 A. d. Ü.: Das italienische *operatività* übersetzen wir fast durchgängig mit Operativität, da die anderen deutschen Begriffe, die sich anbieten, »Tätigkeit«, »Wirken«, jeweils nur eine Seite seines Bedeutungsspektrums abdecken.

Aufmerksamkeit erfahren hat, von der auf der einen Seite die sogenannte liturgische Bewegung in der katholischen Kirche, auf der anderen die imposanten politischen Liturgien der totalitären Regime zeugen, deutet doch heute viel darauf hin, dass das Paradigma des Amts für das menschliche Tun seine Anziehungskraft just in dem Moment verlieren könnte, in dem es seine größte Verbreitung erfahren hat. Umso notwendiger schien der Versuch, seine Wesenszüge festzuhalten und seine Strategien zu bestimmen.

Es gibt zwei Arten des Tuns,
1) das erste und wahrhafte Tun, also Hervorbingen
   der Dinge vom Nicht-Sein zum Sein
2) eine Wirkung hervorbringen in dem,
   in dem man eine Wirkung hervorbringt

Al-Kindi

Das Kunstwerk ist das Sich-ins-Werk-Setzen
der Wahrheit des Seienden

Martin Heidegger

I. Liturgie und Politik

1. Etymologie und Bedeutung des griechischen Begriffs *leitourgia* (von dem unser Wort »Liturgie« abstammt) liegen auf der Hand. *Leitourgia* (von *laos*, Volk, und *ergon*, Werk) bedeutet »Dienstleistung für das Gemeinwesen« und bezeichnet, im klassischen Griechenland, die Abgabe, die die Stadt von ihren über ein bestimmtes Einkommen verfügenden Bürgern erhebt, um eine Reihe von Einrichtungen des öffentlichen Lebens zu unterhalten, vom Betrieb der Sportanlagen und der Durchführung der sportlichen Übungen (*gymnasiarchia*) bis zur Inszenierung der Chordarbietungen bei den städtischen Festen (*chorēgia*, zum Beispiel die tragischen Chöre bei den Dionysien), vom Kauf von Öl und Getreide (*sitēgia*) bis zu Bewaffnung und Einsatz einer Triere (*triēarchia*) im Kriegsfall, von der Entsendung einer städtischen Delegation zu den delphischen oder olympischen Spielen (*architheōria*) bis zum Vorschuss, den die fünfzehn reichsten Bürger auf das Steueraufkommen aller Steuerpflichtigen leisten mussten (*proeisfora*). Es handelte sich sowohl um dingliche als auch um körperliche Leistungen (»Jeder«, so schreibt Demosthenes, »liturgisiert sowohl mit seinem eigenen Körper als auch mit seinen eigenen Gütern«, *tois sōmasi kai tais ousiais lēitourgēsai*: IV Phil., 28), die, auch wenn sie vom Rat (*archai*) nicht aufgelistet waren, zur »Sorge um das Gemeinwohl« gehörten (*tōn koinōn epimeleian*: Isokrates, 7, 25). Auch wenn die Last der Liturgien bisweilen extrem schwer ausfiel (das Wort *kataleitourgeiō* bedeutete »sich durch Liturgien ruinieren«) und manche Bürger (die aus diesem Grund *diadrasipolitai*, »Bürger auf der Flucht«, genannt wurden) mit allen Mitteln versuchten, sich ihnen zu entziehen, so galt die Zahlung der Liturgien doch als ein Mittel, um sich Ehre und Ruhm zu erwerben, so dass viele (beispielhaft ist der Fall eines Bürgers, der, wie uns Lysias berichtet, in neun Jahren mehr als 20 000 Drachmen in Liturgien ausgegeben hatte) sogar freiwillig in zwei aufeinanderfolgenden Jahren Liturgien entrichteten, obwohl sie dazu nicht verpflichtet waren. Aristoteles warnt in der *Politik* (1309a 18–21) daher vor »kostspieligen und dabei nutzlosen Liturgien, wie Ausrüstungen von Chören, Tragung der Kosten für Fackelläufe und dergleichen«.

Da auch die Ausgaben für den Kultus die Gemeinschaft betreffen (*ta pros thous theous dapanēmata koina pasēs tēs polēos estin*), kann Aristoteles schreiben, dass ein Teil des gemeinschaftlichen Grundbesitzes den Liturgien für die Götter zugewiesen werden soll (*pros tous theous leitourgias:* ebd., 1330a 13). Dieser Gebrauch des Begriffs im Zusammenhang mit dem Kultus, den wir später, mit einer bemerkenswerten Kontinuität, sowohl im Judentum als auch bei den christlichen Autoren wiederfinden, ist in den Lexika vielfach belegt, aus epigraphischen wie literarischen Quellen. Darüber hinaus wird, wie in solchen Fällen üblich, die technisch-politische Bedeutung des Begriffs, bei der der Bezug zur Gemeinschaft immer im Vordergrund steht, auch auf Dienstleistungen ausgedehnt, die nichts mit der Gemeinschaft zu tun haben, bisweilen auch auf scherzhafte Weise. Wenige Seiten nach der angeführten Stelle spricht Aristoteles in diesem Sinne, bei der Erörterung des richtigen Alters für die geschlechtliche Fortpflanzung, von einem »öffentlichen Dienst der Kindererzeugung« (*leitourgein … pros tecnopoiian*: ebd., 1335b 29); mit noch klarer ausgeprägter Ironie erwähnt er in einem Epigramm »die Liturgien« einer Prostituierten (*Anth. Pal.*, 5, 49, I). Es ist nicht ganz korrekt zu behaupten, dass in diesen Fällen »die Bedeutung des Wortelements *lēitos* [also der Bezug zur Öffentlichkeit] völlig verblasst« (Strathmann, S. 224); ganz im Gegenteil, erst durch den Bezug auf die ursprüngliche politische Bedeutung erhält der Ausdruck jedes Mal seinen antiphrastischen Sinn. Wenn Aristoteles es als »Liturgie« bezeichnet, dass eine Hundemutter ihre Welpen säugt (*De anim. incessu*, 711b 30), oder wenn uns in einem Papyrus die Wendung »zu privaten Liturgien zwingen« begegnet (*P. Oxy.*, III, 475, 18), dann muss man jedes Mal den Bruch heraushören, der mit der metaphorischen Verschiebung von der öffentlichen, gemeinschaftlichen Sphäre in die private einhergeht.

א Das System der Liturgien (auf Lateinisch *munera*) erreicht im Rom der Kaiserzeit ab dem 3. Jahrhundert AD seine größte Verbreitung. Ab dem Moment, in dem das Christentum gleichermaßen zur Staatsreligion wird, kommt der Frage, ob die Kleriker von der Pflicht zu öffentlichen Abgaben befreit werden sollten, ein besonderes Interesse zu. Schon Konstantin hatte verfügt, dass »diejenigen, die für den heiligen Kultus zuständig sind [*divini cultui ministeria impendunt*], das heißt diejenigen, die Kleriker genannt werden, von allen öffentlichen Dienstleistungen ausgenommen werden müssen [*ab omnibus omnino muneribus excusentur*]« (Drecoll,

S. 56). Wiewohl diese Ausnahme, so zeigt ein weiteres Dekret des Konstantin, das es den *decuriones* verbietet, Kleriker zu werden, das Risiko mit sich brachte, dass wohlhabende Personen Kleriker wurden, nur um sich den schwerwiegenden *munera* zu entziehen, so wurde dieses Privileg doch aufrechterhalten, wenn auch mit wechselnden Einschränkungen.

Dies zeigt, dass das Priestertum in gewisser Weise als eine öffentliche Dienstleistung gesehen wurde, und kann einer der Gründe dafür sein, dass der Begriff *leitourgia* im griechischsprachigen Christentum zunehmend im Zusammenhang mit dem Kultus verwendet wurde.

2. Die Geschichte eines Begriffs fällt oft mit der Geschichte seiner Übersetzungen oder seines Gebrauchs in Übersetzungen zusammen. Die Geschichte des Begriffs *leitourgia* gelangt daher an einen entscheidenden Punkt, als die alexandrinischen Rabbiner, die die griechische Übersetzung der Bibel ausführen, für das hebräische *šeret*, das allgemein »dienen« meint, bei jeder Verwendung im Zusammenhang mit dem Kultus das Verb *leitourgeō* (oft gemeinsam mit *leitourgia*) wählen. Seit seiner ersten Verwendung in Bezug auf die Funktion Aarons als Priester, wo *leitourgeō* alleine steht (*en tōi leitourgein*: *Ex.*, 28, 35), wird der Begriff oft in technischer Verbindung mit *leitourgia* gebraucht, um den Kultus im »Zelt der Begegnung« zu benennen (*leitourgein tēn leitourgian … en tēi skēnēi: Num.*, 8, 22, im Bezug auf die Leviten; *leitourgein tas leitourgias tēs skēnēs kyriou: ebd.*, 16,9).

Die Gelehrten haben sich lange Zeit nach den Gründen

für diese Bevorzugung gegenüber anderen möglichen griechischen Begriffen gefragt, zu denen *latreuō* oder *douleō* gehören, die in der Septuaginta für gewöhnlich weniger technischen Bedeutungen vorbehalten sind. Dass den Übersetzern diese »politische« Bedeutung des griechischen Begriffs sehr wohl bewusst war, ist mehr als wahrscheinlich, wenn man sich vor Augen hält, dass die Anweisungen des Herrn für die Einrichtung des Kultus in *Ex.*, *25–30* (wo der Begriff *leitourgein* zum ersten Mal auftaucht) nichts anderes sind als eine genauere Ausführung des Bundesschlusses, durch den wenige Seiten zuvor Israel als erwähltes Volk, als »Königreich von Priestern« (*mamleket kohanim*) und als »heilige Nation« (*goj qados*) konstituiert wird. Es ist von Belang, dass die Septuaginta hier auf das griechische Wort *laos* zurückgreift (*esesthe moi laos periousios apo pantōn tōn ethnōn*, »dann werdet ihr unter allen Völkern mein besonderes Eigentum sein«: *Ex.* 19, 5) und dessen »politische« Bedeutung sogar noch verstärkt, indem sie das »Königreich der Priester« des Ursprungstexts als »königliches Priestertum« wiedergibt (*basileon hierateuma*, ein Bild, das bezeichnenderweise im ersten Brief des Petrus, 2,9, wieder aufgegriffen wird – »Ihr aber seid ein auserwähltes Geschlecht und ein *basileon hierateuma*«, D I und ebenso in *Ap.*, 1, 6) und *goj qados* als *ethnos hagion*.

Dass Israel als »Volk Gottes« erwählt wird, begründet unmittelbar seine liturgische Funktion (die Priesterschaft ist unmittelbar königlich, also politisch) und heiligt es so auch als Nation (der normale Begriff für Israel ist nicht *goj*, sondern *am qados, laos hagios: Deut.*, 7, 6).

א Im alexandrinischen Judentum ist es geläufig, mit *leitourgia* und *leitourgeō* den priesterlichen Kultus zu bezeichnen. So bezieht sich im *Brief des Aristeas* (2. Jahrhundert v. Chr.) *tōn hiereōn hē leitourgia* auf die minutiös aufgelisteten Funktionen des Priesters im Kultus, von der Wahl des Opfers bis zur Behandlung des Öls und der Duftstoffe (Aristeas, 92, S. 87); kurz darauf bezeichnet *Eleazar en tēi leitourgiai* den höchsten Priester beim Vollzug des Dienstes, dessen Gewänder und heilige Utensilien ausführlich beschrieben werden. Das Gleiche kann für Flavius Josephus und Philon gelten (der den Begriff jedoch auch im übertragenen Sinne benutzt, zum Beispiel hinsichtlich des Verstandes, der »wenn er Gott ganz rein dient – *leitourgei theōi* –, nicht menschlich ist, sondern göttlich«: *Rer. div. her.*, 84).

3. Umso bedeutsamer ist die geringe Bedeutung der Wortgruppe im Neuen Testament (mit der auffälligen Ausnahme des *Briefs an die Hebräer*). Außerhalb des Paulinischen *corpus* (wo man dem Begriff *leitourgos* fünfmal begegnet), erscheinen *leitourgein* und *leitourgia* nur zweimal, einmal, in sehr allgemeiner Bedeutung, in Bezug auf den Priesterdienst des Zacharias im Tempel (*Lk.*, 1, 23), das zweite Mal in Bezug auf die fünf »Propheten und Lehrer« der *ecclēsia* von Antiochia (*Apg.*, 13, 2). Der Passus in der *Apostelgeschichte* (*leitourgountōn de autōn tōi kyriōi*) bedeutet nicht, wie er in einem offensichtlichen Anachronismus oft wiedergegeben wurde, »als sie zu Ehren des Herrn Gottesdienst hielten«. Entsprechend der Interpretation der *Vulgata*, die die Stelle einfach mit *ministrantibus autem illis Domino* übersetzt hatte, steht *leitourgein* hier für »während sie in der Gemeinschaft ihren Dienst zu Ehren des Herrn versahen« (diese Gemeinschaft bestand, wie es der Text kurz zuvor klargestellt hatte, eben aus Propheten und Lehrern – *profētai kai didaskaloi*: *Apg.*, 13, 1 – und nicht aus Priestern, ebenso wenig wird klar, welche andere *leitourgia* in diesem Moment gemeint sein könnte; das Gebet jedenfalls bezeichnet Lukas üblicherweise mit dem Wort *orare*).

Auch in den Paulinischen Briefen hat der Begriff oft die profane Bedeutung der »Dienstleistung für die Gemeinschaft«, so dort, wo die für die Gemeinschaft gesammelte Kollekte als *leitourgēsai* (*Röm.*, 15,27) oder *diakonia tēs leitourgias* (2 *Kor.*, 9,12) bezeichnet wird, oder dort, wo von der Tat des Epaphroditus, der sein Leben aufs Spiel gesetzt hat, gesagt wird, dass sie vollbracht wurde an der Stelle der »Liturgie«, die die Philipper nicht hatten leisten können (*Phil.*, 2,30). Aber auch in den Passagen, in denen *leitourgia* absichtlich in die Nähe einer genuin priesterlichen Begrifflichkeit gerückt wird, darf man nicht unachtsam die jeweiligen Bedeutungen verwechseln und dabei die Besonderheit und Originalität des Paulinischen Sprachgebrauchs übersehen, der bewusst verschiedenartige Begriffe nebeneinanderstellt. Beispielhaft dafür steht *Röm.*, 15,16: »ein *leitourgos* Christi Jesu zu sein für die Nationen, der priesterlich am Evangelium Gottes dient« (*hierourgounta to euangelion tou theou*). Die Kommentatoren projizieren hier auf *leitourgos* die dem Kultus zugehörige Bedeutung *hierourgeō*, wenn sie schreiben: »dass [Paulus] das Wort *leitourgos* kultisch, geradezu wie ›Priester‹ versteht, zeigt die Fortsetzung. Denn er erläutert es durch die Wendung *hierourgein to euaggelion*. Am Evangelium übt er einen Priesterdienst aus« (Strathmann, S. 237). Aber der Hapax *hierourgein to euaggelion*, in dem in einem außerordentlichen Gewaltakt das Evangelium zum unmöglichen Gegenstand eines *sacrum facere* wird (so wie in *Röm.*, 12,1, in einer vergleichbaren *tour de force*, *latreia*, der Opferdienst, neben das Adjektiv *logikē*, »sprachlich«, gerückt wird), ist noch viel wirkungsvoller, wenn *leitourgos* den Sinn »der mit einer gemeinschaftlichen Aufgabe Betraute« behält (*minister* übersetzt die *Vulgata* völlig richtig). Die Kombination von Begriffen, die dem Kultus im Tempel verbunden sind, mit Dingen – die Verkündigung an die Heiden und, wie es gleich darauf heißt, das »Opfer der Nationen«, *prosfora tōn ethnōn* –, die keinesfalls im Tempel geschehen könnten, hat offensichtlich eine polemische Bedeutung und keinesfalls die Absicht, der Paulinischen Predigt den Anschein einer Opfergabe zu verleihen.

Ähnliches gilt für *Phil.*, 2,17: »Wenn ich aber auch als Trankopfer [*spendomai*] über das Opfer und die Liturgie eures Glaubens gesprengt werde [*epi tēi thysiai kai leitourgiai tēs pisteōs*], so freue ich mich und freue mich mit euch allen.« Wie auch immer man die Verbindung von *spendomai* mit den darauffolgenden Worten versteht, so gewinnt die Formulierung ihre Prägnanz doch nur dann, wenn man sich vom Anachronismus befreit, der *leitourgia* als Priesterdienst versteht (offenkundig konnte die Paulinische Gemeinde keine Priester haben), und den Kontrast und gleichermaßen die Spannung wahrnimmt, die Paulus sehr geschickt zwischen der Begrifflichkeit des Kultus und derjenigen der »Liturgie« im eigentlichen Sinne erzeugt.

א Es ist seit langem bekannt (Dunin-Borkowski), dass in der urchristlichen Literatur die Begriffe *hiereus* und *archiereus* ausschließlich Christus vorbehalten sind, während für die Häupter der Gemeinden keine im eigentlichen Sinne priesterlichen Begriffe verwendet werden (sie wurden einfach *episkopoi* – Vorsteher –, *presbyteroi* – Ältere – oder *diakonoi* – Diener – genannt). Ein priesterliches Vokabular kommt erst bei Tertullian (*De bapt.*, 17, 1; *Adv. Jud.*, 6, 1, 14), Cyprian (*Ep.*, 59, 14; 66, 8) und Origenes (*Hom. in Num.*, 10, 1) vor. In den Paulusbriefen, die *episkopoi* und *diakonoi* erwähnen (Paulus selbst nennt sich in *Kol.*, 1,25 *diakonos*), wird den verschiedenen Aufgaben in den Gemeinden große Aufmerksamkeit zuteil, keine von ihnen aber wird mit priesterlichen Begriffen bezeichnet. (Vgl. *1 Kor.*, 12,28–31: »Die einen hat Gott in der Gemeinde bestimmt erstens zu Aposteln [*apostoplous*], zweitens zu Propheten [*profētas*], drittens zu Lehrern [*didaskalous*]; ferner gibt es da Wunderkräfte [*dynameis*], weiter Heilungsaufgaben [*charismata iamatōn*], Gaben zu Diensten [*antilēpsis*], Leitungsaufgaben [*kybernēsis*] und zu verschiedenen Arten der Zungenrede [*genē glōssōn*]«; *Röm.* 12,6–8: »Wir haben verschiedene Gaben entsprechend der Gnade, die uns gegeben wurde: sei es die Gabe, prophetisch zu reden in Ausrichtung auf den Glauben, sei es die Gabe zu dienen, wo es um Dienst geht [*diakonian en tēi diakoniai*], zu lehren, wo es um Lehre geht [*didaskōn en tēi didaskaliai*], Trost zu spenden, wo es um Trost geht [*parakalōn en tēi paraklēsei*]«).

4. Der Autor des Briefs an die Hebräer entwirft eine Theologie der messianischen Priesterschaft Christi, in deren Zusammenhang die Wortfamilie, die uns interessiert, viermal auftaucht. Ausgehend von der Paulinischen Vorstellung der zwei Bündnisse (2 *Kor.*, 3,1–14) arbeitet der theologische Kern des Briefs mit dem Gegensatz zwischen dem levitischen Priestertum, das dem alten mosaischen Bund entspricht und in der Ordnung Aarons steht, und dem neuen Bund, in dem Christus selbst die »Liturgie« des Hohepriesters (*archiereus*, der hier in die Ordnung des Melchisedek eingeschrieben ist) übernimmt. Zwei der vier Fundstellen der Wortfamilie beziehen sich auf den levitischen Kultus: in 9,21 besprengt Moses »das Zelt und alle liturgischen Geräte mit Blut« (*panta ta skeuē tēs leitourgias*); 10,11 berichtet vom Priester des alten Bundes, der »Tag für Tag im Tempel steht, um seinen liturgischen Dienst zu verrichten [*leitourgōn*] und oftmals die gleichen Opfer darzubringen«. Die beiden anderen Erwähnungen dagegen beziehen sich auf Christus, den Hohepriester des neuen Bundes. In der ersten (8,2) heißt er »Liturg des Heiligtums und des wahren Zeltes« (*tōn hagiōn leitourgos kai tēs skēnēs tēs alēthinēs*: vgl. *Num.*, 16,9); in der zweiten heißt es, er hat »eine um so höhere Liturgie erlangt (*diaforōteras tetycken leitourgias*), als er Mittler eines besseren Bundes ist«. Während nun die Opfer der Leviten bloß Abbild und Schatten (*ypodeigma kai skia*, 8,5) der himmlischen Dinge sind und diejenigen, die sie darbieten, nicht zur Vollendung führen oder vollkommen machen können (*teleiōsai*: 9,9; 10,1), tilgt das Opfer des neuen Bundes, in dem Christus sich selbst hingibt, die Sünden (*athetēsin hamartias*: 9,26) und reinigt (*kathariei*: 9,14) und heiligt

die Gläubigen für immer (*teteleiōken eis to diēnekes tous hagiazomenous*; 10,14).
Ein besonderes Augenmerk verdient die Tatsache, dass der Text von der Identität der Handlung Christi mit der Liturgie ausgeht. Nicht nur wird seine Heilstat als »Liturgie« dargestellt, sondern Christus selbst vollbringt, als Hohepriester eines Opfers, in dem der Zelebrant sich selbst opfert (*heauton prosēnenken*: 9,14), eine gleichermaßen absolute und vollkommene liturgische Handlung, die aus diesem Grund nur ein einziges Mal vollzogen werden kann (*hapax prosenechetheis*: 9,28; *mian … prosenenkas thysian*: 10,12). In diesem Sinne fällt Christus mit seiner eigenen Liturgie zusammen – er ist im Wesentlichen selbst Liturgie –, und genau diese Übereinstimmung verleiht ihr ihre einzigartige Wirksamkeit.
Wenn es auch zweifellos die Absicht das Autors ist, den Messias im hieratischen Gewand des Zelebranten darzustellen, indem er zwei Figuren des Priestertums voneinander abgrenzt, so darf doch gleichzeitig nicht vergessen werden, dass das messianische Priestertum, von dem hier die Rede ist, ganz spezifische Eigenschaften aufweist, die es Punkt für Punkt vom levitischen Priestertum unterscheiden, und genau in dieser Gegenüberstellung besteht der Sinn des Briefes. Während die levitischen Opfer, und hier liegt der entscheidende Unterschied, ständig wiederholt werden müssen und jedes Jahr die Erinnerung der Sünden wachrufen (*anamnēsis hamartiōn*: 10,3), ereignet sich das Opfer des neuen Bundes, wie der Autor unablässig wiederholt, nur ein einziges Mal und kann auf keinen Fall wiederholt werden. Indem er diese Unwiederholbarkeit des Opfers unterstreicht, dessen einziger Priester »ein

für alle Mal [*epafax*] in das Heiligtum hineingegangen ist und … so eine ewige Erlösung vollbracht« hat, bleibt der Autor einer genuin messianischen Überzeugung treu, auf deren Grundlage (die die spätere kirchliche Praxis unbekümmert übersieht) sich keinerlei gottesdienstliche Liturgie einrichten lässt. Der Autor des *Briefes* erkennt, dass der Hohepriester des neuen Bundes, in dem Moment, in dem er ihn als *leitourgos* bezeichnet und für ihn eine »höhere Liturgie« reklamiert, die Türen des Tempels unwiederbringlich hinter sich verschließt. Die *diaforōtera leitourgia* ist in diesem Sinne also keine Feier, denn damit wäre sie wesentlich wiederholbar (das ist die etymologische Bedeutung von *celeber*). Und darin liegt das Paradox der christlichen Liturgie, dass sie, indem sie die liturgische Handlung des Christus *archiereus* zum Vorbild ihres Priestertums nimmt und ihre eigenen Feiern auf den *Brief an die Hebräer* gründet, einen unwiederholbaren Akt wiederholen, das Nichtfeierbare feiern muss.

5. Die Definition der primitiven Kirche als charismatischer Gemeinschaft, innerhalb deren keinerlei rechtliche Ordnung im eigentlichen Sinne möglich war, geht auf Rudolf Sohm zurück. »Sobald gewiss ist, dass nicht der Menschen Wort, sondern allein Gottes Wort in der Ekklesia regieren soll, so bald ist ebenso gewiss, dass es keine Macht noch Amtsbestellung in der Christenheit geben kann, welche *rechtliche* Befugnis gegenüber der Gemeinde gibt. Das Wort Gottes erkennt man nicht an irgendwelcher Form, sondern an seiner inneren Gewalt. Die Christenheit hat nur dem Wort zu folgen, welches sie kraft innerer eigener Zustimmung als Gottes Wort *anerkennt. … Es kann keine*

rechtliche Regierungsgewalt in der Ekklesia geben.« (Sohm, S. 23) Die Organisation der primitiven Gemeinschaft kann von daher nur charismatischer Art sein: »Die Christenheit ist organisiert durch die Verteilung der *Gnadengaben* (*Charismen*), welche die einzelnen Christen zu verschiedener Tätigkeit in der Christenheit zugleich befähigt und beruft. Das Charisma ist von Gott. So ist der Dienst (*diakonia*), zu welchem das Charisma beruft, ein von Gott auferlegter Dienst« (ebd., S. 26). Daraus leitet sich auch die radikale These ab: »Das Kirchenrecht steht im Widerspruch mit dem Wesen der Kirche. Die wahre Kirche, die Kirche Christi, kennt kein Kirchenrecht« (ebd., S. 459).
Sohm sieht den Wendepunkt, von dem der Brief des Clemens an die Korinther zeugt, mit der Akzeptanz der Idee gekommen, dass Presbyter und Bischöfe ein Recht darauf haben, ihre »Liturgie« auszuüben, und die Gemeinschaft sie von ihrem Auftrag, dem damit eine »rechtliche Bedeutung« zukommt (ebd., S. 159), nicht mehr entbinden kann. »Die unmittelbare Folge des Clemensbriefes war eine Verfassungsänderung in der römischen Gemeinde« (ebd., S. 165), deren Auswirkung letzten Endes die Verwandlung der primitiven in die katholische Kirche und der ursprünglichen charismatischen Gemeinschaften in die uns vertraute rechtliche Ordnung ist.
Es ist hier nicht der Ort, um auf die Diskussionen einzugehen, die Sohms Thesen unter Kirchenhistorikern und Experten des kanonischen Rechts hervorgerufen haben. Für den Fortgang unserer archäologischen Untersuchung interessiert es uns vielmehr, welche Bedeutung und welche besondere Relevanz der Begriff *leitourgia* und seine Ableitungen im Brief des Clemens haben.

6. Der Brief des Clemens an die Korinther ist der erste Text, in dem ein Problem im Zusammenhang mit dem Priesterdienst die Form einer Theoretisierung kirchlicher Hierarchien annimmt, die als »Liturgien« verstanden werden. Die Umstände des Problems sind bekannt: Clemens, Vertreter der Kirche, »die zu Rom in der Fremde lebt [*paroikousa*]«,[1] schreibt an die Kirche, die in Korinth in der Fremde lebt und in der ein Konflikt (genauer gesagt eine wahrhafte *Stasis*, ein Bürgerkrieg, 1,1) die Gläubigen und die Häupter der Gemeinde, die ihrer Funktionen entbunden wurden, entzweit. Im Kampf, der »die Unbeachteten gegen die Geachteten, die Ruhmlosen gegen die Berühmten, die Unverständigen gegen die Weisen, die Jungen gegen die Alten« (*presbyterous*: 3,3) aufbringt, ergreift Clemens vollen Herzens Partei für die Letzteren. Das Entscheidende an seiner Strategie ist nicht so sehr der Rückgriff auf militärische Metaphern, wiewohl diese in der Kirchengeschichte noch oft Anwendung finden sollten (wie in einer Armee erfüllt jeder »auf seinem richtigen Posten die Anordnungen des Königs und der Führer«, 37,3), sondern vielmehr die Idee, die Funktion der Presbyter und Bischöfe als dauerhafte »Liturgie« zu fassen, die ihr Vorbild im levitischen Priestertum hat. Clemens ist mit der priesterlichen Christologie des *Briefs an die Hebräer* vertraut und nennt Christus an einer Stelle »Hohenpriester unserer Opfergaben« (*archierea tōn prosforōn hēmōn*: 36,1); sein Interesse richtet sich aber weniger auf den besonderen Charakter

1 Dt. nach: *Erster Brief des Klemens an die Korinther*, übers. von Franz Zeller, in: *Bibliothek der Kirchenväter, Die apostolischen Väter*, Bd. 35, München, 1918.

und die Wirkmächtigkeit dieses Priestertums, sondern auf den Umstand, dass Christus der Ausgangspunkt der apostolischen Abfolge ist: »Christus ist also von Gott und die Apostel von Christus« (42,2). Nicht ohne Widersprüche zur Vorschrift des *Briefs an die Hebräer* (der das levitische Priestertum durch das von Christus ersetzt hatte) und mit einem bemerkenswerten Anachronismus (das Priestertum im Tempel von Jerusalem, der 70 v. Chr. durch die Römer zerstört wurde, war schon seit einiger Zeit eingestellt) stellt Clemens ein paradigmatisches Verhältnis zwischen der levitischen Erbfolge und der apostolischen Abfolge in der Kirche her. In der Konstruktion dieser Analogie spielt das Konzept der *leitourgia* eine entscheidende Rolle. Vom Tempel in Jerusalem heißt es: »Er wollte, dass Opfer und liturgischer Dienst [*prosforas kai leitourgias*] gehalten werde, aber nicht aufs Geratewohl und ohne Ordnung solle es geschehen, sondern zu festgesetzten Zeiten und Stunden. … Dem obersten Priester sind … eigene Liturgien [*idiai leitourgiai*] zugeteilt, auch den Priestern ist ihr eigener Platz angewiesen, und den Leviten obliegen eigene Dienstleistungen [*diakoniai*].« Dementsprechend muss auch in der Kirche jeder seiner eigenen Stellung entsprechend handeln und Gott gefällig sein, »indem er … die für seine Liturgie festgesetzte Regel nicht übertritt [*ton hōrismenon tēs leitourgias autou kanona*]« (40,2–41,1). Da es den Aposteln wohl bewusst war, dass ein Streit über die Bischofswürde entstehen würde, »setzten sie auch … die oben Genannten ein und gaben ihnen dazu Auftrag, dass, wenn sie entschlafen wären, andere erprobte Männer ihre Liturgien übernähmen [*diadexontai … tēn leitourgian autōn*]« (44,2). So kann Clemens jetzt überzeugt verkünden, dass

es »nach unserer Ansicht ein Unrecht« ist, »diese von ihrer Liturgie abzusetzen [*apoballesthai tēs leitourgias*]«, die »ihren liturgischen Dienst gegenüber der Herde Christi in Demut untadelig, ruhig, uneigennützig verwaltet haben [*leitourgēsantas amemptōs*]« (44,3); und er schließt mit einer Lobrede an »die Presbyter [*presbyteroi*], die ihren Lebensweg bereits durchlaufen und eine vollkommene, an Früchten reiche Auflösung erreicht haben«, sowie mit einer Rüge an die Gläubigen in Korinth, die diese »der Liturgie, der sie durch tadellose Verwaltung alle Ehre gemacht hatten« (44, 5–6), enthoben haben.
Es wird deutlich, dass dem Begriff *leitourgia*, auch wenn er seine ursprüngliche Bedeutung einer Dienstleistung an die Gemeinschaft beibehält, im Brief die Eigenschaften eines dauerhaften und vollberuflichen Amts zukommen, das Gegenstand eines Kanons (*kanōn*) und einer Regel (*epinomē*, in der antiken lateinischen Fassung des Briefs *lex*) ist. Das gesamte Vokabular des Clemens deutet in diese Richtung: *kathistēmi* (»ernennen, gründen«), *diadechomai* (Terminus technicus für die Nachfolge in einem Amt), *ypotassō* (»sich einer Autorität unterwerfen«; im umgekehrten Sinne sind diejenigen, die den Gehorsam verweigern, verantwortlich für eine *stasis*, »Bürgerkrieg, Aufstand«). Der Bezug auf das Paradigma des levitischen Kultus verleiht dem Begriff (wie es bereits in der Septuaginta geschehen war) das Wesen und die Ausstrahlung des Priestertums, was zu diesem Zeitpunkt keineswegs selbstverständlich war (wie wir bereits gesehen haben, verwendet keine der frühen Schriften den Begriff »Priester« – *hiereus, sacerdos* –, um ein Mitglied der Gemeinschaft zu benennen). Von der gelegentlichen öffentlichen Dienstleistung, die nicht einer

spezifischen Person innerhalb der Gemeinden zugeordnet ist, beginnt die Liturgie ihre Verwandlung hin zu einer klar bestimmten Rolle, in ein »Amt«, das meist einer bestimmten Person als Träger zugeordnet wird: im Brief dem Bischof und den Presbytern und später dem Priester. Was aber definiert diese Betätigung, was zeichnet eine bestimmte Art von Handlungen als Liturgie aus?

א Aus dem als *Apostolische Kanones* bekannten Teil der *Apostolischen Konstitutionen* wird ersichtlich, dass der Übergang von einer charismatischen Gemeinschaft hin zu einer rechtlichen Organisationsform nicht nur mittlerweile eine vollendete Tatsache ist, sondern auch, dass er Gegenstand einer klar umrissenen Strategie war. Der Text gibt sich, auch wenn er gegen Ende des 4. Jahrhunderts verfasst wurde, als Werk der im Titel genannten Apostel aus, beginnt mit einer ausführlichen Behandlung der traditionellen Charismen (Glossolalie, usw.), verfolgt aber sehr offensichtlich das Ziel, deren Bedeutung im Verhältnis zu der von ihm so genannten »kirchlichen Einrichtung« (*ekklēsiastikē diatypōsis*) abzuwerten. Es geht folglich nun um die »Konstitutionen« (*diatexeis*, Terminus technicus für die testamentarischen Verfügungen), die die Apostel als Organisationsstruktur bzw. allgemeines Leitbild (*typos*) der Kirche bestimmt haben, von der Ordinierung des Bischofs über die Ausgestaltung der Hierarchien bis zu den Ritualen der Sakramente. Aus den *Konstitutionen* geht der Aufbau einer eigenen kirchlichen Hierarchie hervor, an deren Spitze der Bischof steht: »was einst Opfer, das sind jetzt Gebete und Bitten und Danksagungen [*eucharistiai*], was damals Erstlinge und Zehnten und Auflagen und Gaben, sind jetzt Opfergaben, welche von heiligen Bischöfen Gott dem Herrn dargebracht werden durch Jesum Christum, der für sie gestorben ist. Denn diese sind eure Hohenpriester [*archiereis*], eure Priester sind die Presbyter, und eure Leviten sind jetzt die Diakonen« (*Apost. Konst.*, 1, II, 25[1]). »Wenn aber jemand ohne den Bischof etwas tut«, heißt es wenig später, »so tut er es vergebens« (*matēn*, ebd., 1, II, 27); und »so wie man durch Niemand Zutritt beim allmächtigen Gott hat als durch Christus, so sollen auch die Laien alles, was sie wünschen, durch die Diakonen dem Bischof kundtun« (ebd., 1, II, 28). Noch bei Irenäus dagegen sind die Charismen nicht der Nachfolge gemäß der apostolischen Ordination untergeordnet. Der Passus, in dem er Gehorsamkeit gegenüber den Presbytern empfiehlt, weil »sie ... mit der Nachfolge des Episkopats das *charisma veritatem certum*« empfangen haben (Irenäus, *Adv. haer.*, 4, 26, 2[2]), bedeutet nicht, wie andernorts behauptet, dass er den Bischof in irgendeiner Weise als unfehlbar darstellen würde; vielmehr zeigt die Tatsache, dass er wenig später zwischen guten und schlechten Presbytern unterscheidet und dabei die Bedeutung der *charismata Dei* hervorhebt, dass Irenäus Letztere als ein ebenso wichtiges Element betrachtet wie

1 Dt. nach: *Die sogenannten Apostolischen Constitutionen* und Canonen. Übers. von Ferdinand Boxler, Bibliothek der Kirchenväter, 1, Band 19, Kempten 1874.

2 Dt. nach: *Des heiligen Irenäus fünf Bücher gegen die Häresien*, übers. von Ernst Klebba, Bibliothek der Kirchenväter, 1, Band 3, München 1912.

die kirchliche Weihe: »Wo also die Charismen des Herrn niedergelegt sind [*ubi igitus charismata dei posita sunt*], da muss man die Wahrheit lernen, da ist die apostolische Nachfolge der Kirche, ein vernünftiger, untadeliger Wandel und offenbar die unversehrte, unverfälschte Lehre« (ebd., 4, 26, 5). Am Ende des 2. Jahrhunderts bestehen charismatische Gemeinschaft und hierarchische Organisation in der Kirche noch in funktionaler Einheit nebeneinander.

7. Guy Stroumsa hat vor kurzem auf das Fortbestehen der Opferideologie im Christentum hingewiesen. Es ist bekannt, dass sich das rabbinische Judentum nach der zweiten Zerstörung des Tempels hin zu einer Spiritualisierung der Liturgie entwickelte; aus einer Abfolge von Riten, die die Opferhandlung begleiteten, wurde ein Satz von Gebeten, die im Ergebnis die Opfer ersetzten. In dieser Hinsicht trat der *Talmud Tora*, das Studium der Tora, an die Stelle der Opferpraktiken und den »in Yavne versammelten Rabbinern, gelang [es], ohne es offen zuzugeben und vielleicht auch ohne es sich selbst vollkommen einzugestehen, das Judentum in eine opferlose Religion umzuwandeln« (Stroumsa, S. 76).[1] Das Christentum hingegen definierte sich vorschnell als »eine um das Opfer konzentrierte Religion, wenngleich das Opfer neu interpretiert wurde. Das christliche Gedenken [*anamnēsis*] an das Opfer Jesu ist unvergleichlich viel mächtiger als die jüdische Erinnerung

1 Dt.: *Das Ende des Opferkults. Die religiösen Mutationen der Spätantike*, aus dem Französischen von Ulrike Bokelmann, Verlag der Weltreligionen, Berlin, 2011, S. 105 f.

an die Tempelopfer, denn im priesterlichen Vollzug reaktiviert es das Opfer des Gottessohnes« (ebd.).
Stroumsa hätte hinzusetzen können, dass der Aufbau der sakramentalen Liturgie, schon seit der Patristik, auf der ausdrücklichen und vollständigen Entgegensetzung der Sakramente des alten Gesetzes – die bedeuten und verkünden, jedoch nicht verwirklichen, was sie verkünden – und der Sakramente des neuen Gesetzes – die vollziehen, was sie verkünden – gründet.
In Wirklichkeit stellt der Autor des *Briefs an die Hebräer* keinerlei Verknüpfung zwischen der Lehre vom Priestertum Christi und der Feier der Eucharistie her. Es ist hier nicht der Ort, um der Genealogie dieser Verbindung nachzugehen, deren strategische Bedeutung für die Kirche auf der Hand liegt. Schon bei Origenes ist sie impliziert (*Hom. in Num.*, 9, 5, 2; 10, 21) und taucht später häufig unausgesprochen auf, wenn die beiden Motive einfach nebeneinandergestellt werden. So geschieht es an zwei Stellen in den *Apostolischen Konstitutionen*, deren ekklesiologisches Programm offensichtlich ist: »Gib in deinem Namen, Gott, Herzenskenner, diesem deinem Diener, auserwählt von dir zum Bischof, deine hl. Herde zu weiden und dir Hoherpriester [*archierateuein*] zu sein, tadellos Tag und Nacht … daß er dir gefallen möge, milden und reinen Herzens, standhaft, schuldlos und untadelhaft, dir darbringend das reine und unblutige Opfer, welches du durch Christus als das Geheimnis des neuen Bundes eingesetzt hast« (*Apost. Konst.*, 1, VIII, 5); »der erste Hohepriester also, der es seiner Natur nach ist [*prōtos … tēi physēi archiereus*], ist der eingeborne Christus, der nicht selbst sich die Ehre genommen, sondern vom Vater aufgestellt worden ist; er

ist unsertwegen Mensch geworden, hat seinem Gott und Vater das geistliche Opfer gebracht und uns allein verordnet, dieses zu tun« (*Apost. Konst.*, 1, VIII, 46); so auch bei Epiphanius (»damit er für uns zum Priester in der Ordnung des Melchisedek ordiniert werde, der stets für uns die Gaben bringt, nachdem er sich selbst am Kreuz hingegeben hat, um jedes Opfer des alten Bundes aufzuheben«: Epiphanius, 55, 4, 5–7). Wenig später finden wir die beiden Themen bei Ambrosius nebeneinandergestellt (»Wer ist also der Stifter der Sakramente, wenn nicht der Herr Jesus? … Wir haben erfahren, dass ein Vor-Bild [*figuram*] dieser Sakramente zur Zeit Abrahams vorausgegangen ist, als der heilige Melchisedek, ›der weder einen Anfang noch ein Ende seiner Tage hat‹, ein Opfer darbrachte. Höre, Mensch, was der Apostel Paulus den Hebräern sagt!«: *De sacr.*, 4, 8–12; 5, 1)[1] und auch bei Augustinus (»Er ist auch unser ewiger Priester nach der Ordnung des Melchisedek, der sich als Opfer für unsere Sünden dargeboten und uns gewiesen hat, etwas seinem Opfer ähnliches in Erinnerung seines Leidens zu feiern, damit wir das, was Melchisedek Gott dargebracht hat, auch in der Kirche Christi auf der ganzen Erde dargebracht sehen können«: *De div. quaest.*, 56, 2).

Indem hier zwei unterschiedliche Texte Seite an Seite gestellt werden, soll die Einrichtung der Eucharistie als priesterliche Dienstleistung Jesu gefasst werden, der, gemäß der Lehre des Briefes, als Hohepriester in der Ordnung des Melchisedek handelt und auf diese Weise das Priestertum

1 Dt. nach Ambrosius, *Über die Sakramente. Über die Mysterien*, übers. von Josef Schmitz, Fontes Christiani 3, Freiburg 1990.

an die Apostel und deren Nachfolger in der Kirche weitergibt. Man kann in diesem Sinne sagen, dass das Priestertum der kirchlichen Hierarchie in seinem Wesen durch die Begründung der sakramentalen Liturgie in der Lehre von Christus als Hohepriester bestimmt wird. In einer *summa* der katholischen Liturgie, im *Rationale divinorum officiorum* Guillaume Durands, hat die Verbindung schon eine formelhafte Selbstverständlichkeit angenommen: *Missa instituit Dominus Iesus, sacerdos secundum ordinem Melchisedech, quando panem et vinum in corpus et sanguinem suum transmutavit, dicens: »Hoc est corpus meus, hic est sanguis meus«, subiungens: »Hoc facite in meam commemorationem«* (Durand, I, S. 240).

Das tridentinische Konzil (Sitzung XXII, Kap. 1) sanktioniert jenseits allen Zweifels den begründenden und ewig dauernden Charakter des Priestertums Christi, das sich in der eucharistischen Liturgie, in deren Feier sich die Kirche mit Christus als Liturg des *Briefes an die Hebräer* verbindet, erneuert und verewigt. »Indem er den Tod am Kreuz starb, hat sich Christus ein für alle Mal Gott dem Vater hingegeben, um für uns das ewige Heil zu erlangen. Sein Tod aber bedeutet nicht das Ende der Priesterschaft. Daher hat er beim letzten Abendmahl in der Nacht, in der er starb, seiner geliebten Braut, der Kirche, ein sichtbares Opfer hinterlassen, das sein blutiges Opfer, das er nun ein für alle Mal am Kreuz darbringen sollte, für alle Zeit in Erinnerung rufen und vergegenwärtigen sollte … Indem er erklärte, er sei auf ewig als Priester eingesetzt in der Ordnung des Melchisedek, brachte er seinen Leib und sein Blut Gott, dem Vater, unter den Gestalten von Brot und Wein dar, reichte sie unter den Symbolen eben dieser Dinge den Aposteln – sie hat er dabei als Priester des neuen Bundes eingesetzt – und gebot ihnen und ihren Nachfolgern im Priestertum, … das gleiche Opfer darzubieten.«[1]

In der Idee des »ewigen Priestertums« Christi schließt sich das »ein für alle Mal« (*hapax*) des *Briefs an die Hebräer* mit dem »bis ans Ende der Zeit« der von der Kirche beständig wiederholten Eucharistiefeier zusammen, und das Fortdauern der kirchlichen Hierarchie des Clemensbriefs empfängt sein priesterliches Siegel.

Die Enzykliken des 20. Jahrhunderts betonen in ihrer Definition der Liturgie einmal mehr diese Verbindung: »Die heilige Liturgie bildet folglich den öffentlichen Kult, den unser Erlöser, das Haupt der Kirche, dem himmlischen Vater erweist und den die Gemeinschaft der Christgläubigen ihrem Gründer und durch ihn dem Ewigen Vater darbringt« (Braga und Bugnini, S. 571).

Die Tatsache, dass die Kirche ihre liturgische Praxis auf den Brief an die *Hebräer* gründet und damit eine stets wiederkehrende Erneuerung des Opfers, das Christus als *leitourgos* und Hohepriester vollbracht hat, in ihren Mittelpunkt stellt, macht sowohl die Wahrheit als auch die Aporie der christlichen Liturgie aus (die Augustinus in der antithetischen Formulierung *semel immolatus … et tamen quotidie immolatur* zusammenfasst). Die Frage, die sich in der Kirchengeschichte als ihr zentrales »Mysterium« stets

1 Dt. nach: *Konzilien der Neuzeit*: Konzil von Trient (1545–1563), Erstes Vatikanisches Konzil (1869/70), Zweites Vatikanisches Konzil (1962–1965), im Auftr. der Görres-Gesellschaft übers. und hrsg. von Josef Wohlmuth, Paderborn 2002, S. 733.

aufs Neue stellt, ist, auf welche Weise Realität und Wirksamkeit der sakramentalen Liturgie zu verstehen sind und, zugleich, wie dieses »Mysterium« die Gestalt eines »Ministeriums«, eines Kirchenamts annehmen kann, das die spezifische Praxis der Mitglieder der kirchlichen Hierarchie definiert.

8. Die Lehre vom liturgischen Wesen des Opfers Christi hat ihren Ursprung in der Dreifaltigkeitslehre selbst. Wir haben an anderer Stelle gezeigt, wie die Kirchenväter, um in Gott die Einheit der Substanz mit der Vielzahl der Personen zu versöhnen, anfangs Hand in Hand mit der Gnosis, die Lehre von der Dreifaltigkeit in den Begriffen einer *oikonomia* formulierten, als eine »Verwaltung« und »Führung« des göttlichen Lebens und der Schöpfung (Agamben S. 32–73).[1] Tertullian, der als einer der Ersten gegen die Monarchianer die Dreifaltigkeitslehre als göttliche »Ökonomie« formulierte, schrieb: Es ist »zwar an einen einzigen Gott, jedoch mit seiner *oikonomia* zu glauben ... die Einheit, die die Trinität aus sich selbst ableitet, wird von dieser nicht zerstört, sondern verwaltet [*non destruatur ab illa sed administretur*]« (*Adv. Prax.*, 3, 1).[2] Hippolyt, Irenäus und Tertullian stellen die Gliederung der Dreifaltigkeit und ihre Heilstat als »Geheimnis der Ökonomie« dar (*mysterion tēs oikonomias, oikonomias sacramentum*) und kehren damit einen Ausdruck des Paulus um, der in seinen

1 Agamben, Giorgio, *Herrschaft und Herrlichkeit*, übers. von Andreas Hiepko, Suhrkamp, Frankfurt 2007.

2 Tertullian, *Adversus Praxean – Gegen Praxeas*, übers. von Hermann-Josef Sieben, Fontes christiani 34, Freiburg i. Br. 2001.

Briefen, in Bezug auf den göttlichen Heilsplan, von einer »Ökonomie des Geheimnisses« (*oikonomia tou mystēriou*: *Eph.*, 3,9) gesprochen hatte. Die nachdrückliche Betonung auf die »geheimnisvolle« Natur des göttlichen Heilswerks offenbart jedoch, dass die Zäsur, die man auf der Ebene des Seins verhindern wollte, jetzt als Bruch zwischen Gott und seinem Tun, zwischen Ontologie und Praxis wiederkehrt. Das Geheimnis liegt jetzt nicht mehr, wie bei Paulus, im göttlichen Heilsplan, der eine in sich selbst klare *oikonomia* erforderte; geheimnisvoll bzw. mysteriös ist jetzt die »Ökonomie« selbst, diejenige Praxis, mit der Gott das Heil seiner Schöpfung gewährleistet. Welche Bedeutung man dem Begriff *mystērion* und seiner lateinischen Entsprechung *sacramentum* auch beimessen mag, entscheidend ist hier, dass die göttliche Ökonomie die Gestalt eines Geheimnisses annimmt.

Durch die Inkarnation nimmt Christus diese geheimnisvolle Ökonomie auf sich; aber die Ökonomie versteht sich nun, auf der Grundlage der Stelle im Johannesevangelium, der zufolge »der Menschensohn von Gott verherrlicht ist und Gott in ihm verherrlicht ist«, zugleich als gegenseitige Verherrlichung und Manifestation des Vaters durch den Sohn und des Sohns durch das Werk des Vaters. In Origenes' Kommentar zum Johannesevangelium entspricht die »Ökonomie des Leidens« des Erlösers vollständig der Ökonomie der Herrlichkeit, durch die der Sohn den Vater offenbart und feiert. Das Geheimnis der Ökonomie ist ein doxologisches, also liturgisches Geheimnis.

Dieser aporetische Begriff der trinitarischen »Ökonomie«, in der Christus als »Ökonom« sowohl der Erlösung als auch der Herrlichkeit des Vaters handelt, muss mit der

Lehre des *Briefs an die Hebräer* zusammengedacht werden, die Christus als *leitourgos* darstellt, als Hohepriester, der die »Liturgie«, die »öffentliche« Dienstleistung und den Opferdienst für die Erlösung der Menschheit, auf sich nimmt. Die trinitarische Christologie entfaltet sich also auf zwei metaphorischen Ebenen: Der politischen und kultischen Metapher von Christus als Erlöser im *Brief an die Hebräer* entspricht bei den Kirchenvätern punktgenau die »ökonomische« Metapher von Christus, der das göttliche Heilsgeheimnis verwaltet und verteilt. Die Beziehung und die Spannung zwischen diesen beiden Metaphern definieren den *locus* der christlichen Liturgie. In der liturgischen Feier seines Opfers (seines »Mysteriums«) bringt Christus die Ökonomie der Dreifaltigkeit zur Erfüllung; der Dienst der Ökonomie, soweit diese eine Ökonomie des Heils ist, überträgt und vollzieht sich im liturgischen Mysterium, in dem politische und ökonomische Metapher übereinstimmen.

Die modernen Theologen unterscheiden für gewöhnlich zwischen der »ökonomischen Trinität« (oder Offenbarungstrinität), die Gott in seiner Heilstat an den Menschen definiert, und der »immanenten Trinität« (oder Wesenstrinität), die die Gliederung Gottes in sich selbst definiert. Ökonomische und immanente Trinität müssen in der Liturgie übereinstimmen. Die Spannungen und Widersprüche aber, die schon im »ökonomisch-geheimnisvollen« Paradigma der Dreifaltigkeit angelegt waren, kennzeichnen auch das liturgische Geheimnis der öffentlichen Tätigkeit der Kirche, in der Geheimnis und Ökonomie, Tun des Priesters und ökonomisch-politische Praxis, *opus operatum* und *opus operantis* getrennt fortbestehen und sich gegenseitig überlagern. Das »Königreich der Priester« aus *Ex.*, 19,6 und das »königliche Priestertum« der Septuaginta und des ersten Petrusbriefs machen sowohl das Paradigma wie die Aporie aus, die die kirchliche Liturgie begründen.

9. Der *Brief an die Hebräer* und der Brief des Clemens sind die beiden Pole des Spannungsfelds, durch das die christliche Liturgie sich seither ausdrückt und definiert. Auf der einen Seite das *semel* des wirksamen, aber unwiederholbaren Sakraments, dessen einziges Subjekt Christus ist; auf der anderen das *quotidie* der »Liturgie« von Bischof und Presbytern innerhalb der Gemeinde. Auf der einen Seite das *Mysterium* einer vollkommenen Opferhandlung, deren Wirkungen sich ein für alle Male vollziehen (die im liturgischen Traktat von Kabasilas so genannte »Heiligung«); auf der anderen das *Ministerium*[1] derjenigen, die die Erinnerung daran feiern und ihre Gegenwart (die Kabasilas »Bedeutung« nennt, *sēmasia*: Kabasilas, S. 130) erneuern müssen. Auf der einen Seite, in den Worten der Enzyklika *Mediator Dei*, mit der die moderne Kirche in einem entscheidenden Moment ihrer Geschichte versucht hat, der liturgischen Tradition wieder Lebendigkeit zu verleihen, das »objektive« Element der Liturgie, das »*mysterium* des

1 A. d. Ü.: Wie schon oben (Ende Punkt 7, S. 38) spielt Agamben hier auf den Gleichklang von *mistero* (Geheimnis, Mysterium) und *ministero* (Dienst, Amt) im Italienischen an. Wenn die beiden Begriffe auch keine etymologische Verwandtschaft haben, so wurden sie doch – absichtlich oder unabsichtlich – von der Patristik bisweilen miteinander verwechselt und so de facto synonym verwendet. Vgl. Agamben, *Herrschaft und Herrlichkeit*, S. 189 f.

mystischen Leibes«, dessen Agentin die Gnade ist, das sich in den Charismen zeigt und in den Sakramenten *ex opere operato* handelt (einzig durch den Vollzug eines gewissen Akts); auf der anderen das »subjektive« Element des Gottesdiensts, das aus der Beteiligung der Gläubigen entsteht, *ex opere operantis Ecclesiae* (vgl. Braga und Bugnini, S. 574 f.).

Die Insistenz, mit der die Enzyklika *Mediator Dei* versucht, den Widerspruch zwischen dem »göttlichen Wirken« und dem »willigen Mitwirken der Menschen«, zwischen »der Wirksamkeit des äußeren Zeichens der Sakramente, die *ex opere operato,* d. h. aus dem Sakrament selber kommt, und dem verdienstlichen Werk derer, welche die Sakramente spenden oder empfangen, was wir *opus operantis* … nennen«, zwischen »Aszese und liturgischer Frömmigkeit« (ebd., 241) abzustreiten und gleichsam auszutreiben, verrät ein Problem, das die Theologen nicht abschließend bewältigen können.

Das, was die christliche Liturgie ausmacht, ist eben der aporetische, aber stets aufs Neue unternommene Versuch, in der liturgischen Handlung – im Sinne des *opus Dei* – Mysterium und Priesteramt zusammenzubringen und ihnen gemeinsam Ausdruck zu verleihen, also die Liturgie als wirksame soteriologische Handlung und die Liturgie als Gemeindedienst der Kleriker, das *opus operatum* und das *opus operantis Ecclesiae* zur Übereinstimmung zu bringen.

א Man schreibt den Ursprung des Wortpaars *opus Dei*, mit Verweis auf die Autorität des Du Cange, gewöhnlich der Benediktsregel zu, wo es mehrmals verwendet wird, um das liturgische Offizium [ufficio] zu bezeichnen. In Wirklichkeit greift der Kompilator der Regel auch in diesem Falle auf seine wichtigste Quelle zurück, die *Regula magistris*. Die Konkordanz der Vogüé-Ausgabe verzeichnet für den Ausdruck *opus Dei* rund dreißig Vorkommnisse und zeigt dadurch, dass die Wortgruppe bereits im ersten Viertel des 4. Jahrhunderts (als Vogüé zufolge die *Regula magistri* verfasst wurde) als Terminus technicus für das monastische Offizium gebraucht wurde. Falls es sich um eine Erfindung des Autors der Regel handeln sollte, könnte sie aus seiner Definition des Klosters als *officina divinae artis* (*Officina vero monasterium est, in qua ferramenta cordis in corporis clausura reposita opus divinae artis diligenti custodia perseverando operari potest*: Vogüé, I, S. 380) abgeleitet sein. Im Sinne der von uns angedeuteten Verbindung von Liturgie und Ökonomie der Dreifaltigkeit könnte der Ursprung des Ausdrucks mit einiger Wahrscheinlichkeit in der Definition Christi als *primum opus dei* zu finden sein, der zum Beispiel in einem arianischen Text anzutreffen ist, dem Brief des Candidus an Marius Victorinus über die göttliche Zeugung (Mitte des 4. Jahrhunderts): *Dei filius, qui est logos apud Deum, Jesus Christus, per quem effecta sunt omnia et sine quo nihil factum est, neque generatione a Deo, sed operatione a Deo, est primum opus et principale Dei* (Victorinus, S. 122). In jedem Fall erlangt das Wortpaar *opus Dei*, dessen Wirkung sich weit über das Mönchswesen hinaus erstreckt hat, seine eigentliche Bedeutung im Kontext der Liturgie, die als Ort verstanden wird, an dem Ministerium und Mysterium, priesterliche Leistung und Einsatz für die Gemeinschaft nahezu zusammenfallen. Dass wir den Ausdruck heute mit einer mächtigen katholischen Organisation, 1928 von Josemaría Escrivá de Balaguer gegründet, in Verbindung bringen, ist kein Zufall: die Wahl des Namens steht vollständig im Einklang mit diesen Prämissen.

10. Die Unterscheidung zwischen *opus operatum* und *opus operantis* in der Enzyklika *Mediator Dei* entstammt der scholastischen Tradition und hat im tridentinischen Konzil ihre Bestätigung erhalten (Sitzung VII, can. 8, *Denz.* 851): »Wenn jemand sagt, durch die Sakramente des Neuen Gesetzes werde die Gnade nicht *ex opere operato* verliehen, sondern allein der Glaube an die göttliche Verheißung genüge zur Erlangung der Gnade, *anathema sit*«.[1]

In dieser Formulierung findet ein Prinzip seinen Ausdruck, das auf grundlegende Weise die liturgische Praxis der Kirche bestimmt: die Unabhängigkeit der Wirksamkeit und der objektiven Gültigkeit des Sakraments von der Person, die es jeweils spendet. *Opus operatum* bezeichnet so den sakramentalen Akt in der Wirklichkeit seiner Wirkung [realtà effettuale], *opus operantis* (die ältere Formulierung ist in Wahrheit *opus operans*) bezeichnet die Handlung als individuell ausgeführte, die von den moralischen und körperlichen Eigenschaften des Ausführenden bestimmt wird.

Der Ursprung der Unterscheidung geht auf die Dispute um die Gültigkeit der Taufe zurück, die die Kirche zwischen dem 3. und 4. Jahrhundert entzweien und deren wichtigste Momente der Streit zwischen Cyprian und dem Papst

1 Dt. nach Wohlmuth, op. cit., S. 685.

Stefan im Jahre 256 und der zwischen Augustinus und den Donatisten von 396 bis 410 sind. In beiden Fällen geht es darum, gegen Cyprian und gegen die Donatisten die Gültigkeit einer Taufe zu bekräftigen, die von einem Häretiker oder einem unwürdigen Geistlichen gespendet wurde, also die objektive Wirksamkeit des Sakraments und der priesterlichen Handlung unabhängig von den individuellen Umständen, die sie ungültig oder unwirksam machen könnten, aufrechtzuerhalten. So wie diejenigen, die von Judas getauft wurden, schreibt Augustinus, nicht erneut getauft werden müssen, weil Christus sie getauft hat, »so also, die ein Trunkenbold taufte, die ein Mörder taufte, die ein Ehebrecher taufte, taufte, wenn es die Taufe Christi war, Christus« (*In Johann.*, 5, 18).[1] Wie bei jeder Institution gilt es auch hier, den Einzelnen von der Funktion, die er ausfüllt, zu unterscheiden, um die Gültigkeit der Handlungen, die er im Namen der Institution ausführt, sicherzustellen.

Bei Thomas ist die Lehre von der Wirksamkeit der Sakramente *ex opere operato* schon vollständig ausgearbeitet. Er unterscheidet zuvörderst die Sakramente des jüdischen Gesetzes, die »keine Wirksamkeit *ex opere operato*, sondern nur durch den Glauben hatten«, von denen des neuen Gesetzes, »die *ex opere operato* Gnade erteilen« (Thomas, S. 92). In der Abhandlung über die Sakramente in der *Summa theologiae* (*S. th.*, III, qu. 60–65) neutralisiert die Doktrin vom Priester als Werkzeugursache eines

1 Dt. nach: *Des heiligen Kirchenvaters Aurelius Augustinus Vorträge über das Evangelium des hl. Johannes*, übers. von Thomas Specht, Bibliothek der Kirchenväter, 1. Reihe, Band 8, 11, 19, München 1913–1914.

Akts, dessen eigentlicher Agent Christus selbst ist, das *opus operantis* und dessen individuelle Umstände. Und ebenso wie »die werkzeugliche Ursache nicht kraft ihrer Form wirkt, sondern allein durch die Bewegung, die sie von der Hauptursache empfängt« (ebd., qu. 62, art. 1), »wirken die Diener der Kirche als Werkzeuge; denn Diener und Werkzeug sind in etwa derselbe Begriff« (ebd., qu. 64, Art. 5). Weil also der Kirchendiener nur als eine Art »beseeltes Werkzeug« (ebd., qu. 64, Art. 8) einer Handlung fungiert, deren Agent Christus ist, ist es nicht nur verzichtbar, dass er selbst gläubig oder barmherzig ist, sondern auch eine widrige Absicht (etwa die Taufe einer Frau mit der Absicht, sie zu missbrauchen) benimmt das Sakrament nicht seiner Gültigkeit. Dank der Wirksamkeit *ex opere operato* und nicht *ex opere operantis* »macht die verkehrte Absicht des Dieners in der sakramentalen Handlung das Werk des Dieners verkehrt, nicht aber das Werk Christi, dem er dient« (ebd., qu. 64, Art. 10, sol. 3).

א Grundmann hat bemerkt, dass die frühzeitige und deutliche Formulierung der Lehre vom *opus operatum*, die sich schon im *De sacri altaris mysterio* von Innozenz III findet, als Antwort auf die Angriffe derjenigen spirituellen Bewegungen lesen lässt, die, wie die Waldenser, die Gültigkeit von Sakramenten in Frage stellten, die von unwürdigen Priestern gespendet wurden (Grundmann, S. 519). »Im Sakrament des Leibes Christi«, betont der Papst, »wird vom guten Priester nicht mehr und vom schlechten Priester nicht weniger vollbracht … denn dieses hängt nicht vom Verdienst des Priesters ab, sondern vom Wort des Schöpfers. Die Unwürdigkeit des Priesters behindert daher nicht die Wirkung des Sakraments, ebenso wenig wie die Gebrechlichkeit des Arztes die Wirkung der Arznei nicht beeinträchtigt. Wenn auch das *opus operans* mitunter unrein sein kann, ist das *opus operatus* doch immer rein« (*In sacramento corporis Christi nihil a bono maius, nihil a malo minus perficitur sacerdote ... quia non in merito sacerdotis, sed in verbo conficitur creatoris. Non ergo sacerdotis iniquitas effectum impedit sacramenti, sicut nec infirmitas medici virtutem medicinae corrumpit. Quamvis igitur opus operans aliquando sit immundum, semper tamen opus operatum est mundum*: *PL*, CCXVII, c. 844).

11. Die modernen Abhandlungen über die Sakramente schreiben die erste Fassung der Lehre vom *opus operatum* im Allgemeinen den *Sentenzen* Peters von Poitiers zu, eines Theologen des 12. Jahrhunderts, der aufgrund seiner Subtilität neben Petrus Abaelardus, Petrus Lombardus und Gilbert von Poitiers zu den vier Labyrinthen Frankreichs gezählt wurde. »Auch der Teufel«, schreibt Peter in seinem labyrinthischen Stil, »dient Gott, und Gott billigt die Werke, die er erarbeitet hat, aber nicht diejenigen, mit denen er gearbeitet hat [*opera eius quae operatur, non quibus operatur*]: die *opera operata*, wie man zu sagen pflegt, aber nicht die *opere operantia*, die böse sind, da sie nicht der Barmherzigkeit entspringen. So wie Gott die von den Juden bewirkte Passion Christi als *opus operatum* der Juden gebilligt hat, nicht aber ihre *opera operantia* und die Handlungen, mit denen sie diese Passion bewirkt haben. Gott wird vom Tun des Teufels beleidigt, aber nicht von der Tat an sich; Gott möchte nicht, dass der Teufel auf die

Weise tut, wie er tut. Wenn man in der Heiligen Schrift liest, dass Gott dem Teufel befohlen hat, etwas zu tun, wie zum Beispiel im Buch der Könige die Täuschung von Ahab, … dann darf das nicht so verstanden werden, als ob er es wolle; oder, wenn er will, dass er es tut, dann will er nicht, wie er es tut. Obgleich nun der Teufel das tut, was Gott will, tut er es nicht, wie Gott will, und sündigt aus diesem Grund immer« (Peter von Poitiers, S. 156).

Es wird deutlich, warum Peter von Poitiers in modernen Abhandlungen die Lehre vom *opus operatum* nur sehr unbestimmt zugeschrieben wird. Dass diejenige Unterscheidung, die als Paradigma der sakramentalen Handlung des Priesters dienen sollte, zuallererst eingeführt wurde, um das Wirken des Teufels innerhalb einer Ökonomie der Vorsehung zu bestimmen, musste den Geschichtsschreibern der Theologie peinlich sein. Erst im Buch V, im Zusammenhang mit der Wirksamkeit der Taufe, überträgt Peter die Unterscheidung auf die Theorie der Sakramente: »Wer getauft wird, wird dies kraft jemandes Gewähr: der Gewähr Christi oder des Priesters. Wenn es durch die Gewähr des Priesters und nicht durch die Taufe Christi geschieht, dann erlässt der Priester die Sünden … Die Reinigung ist jemandes Werk, des Täufers oder des Getauften. Wenn es Werk des Täufers ist und aus der Barmherzigkeit entspringt, dann liegt das Verdienst der Taufe beim Täufer. Ebenso hat er das Verdienst der Taufhandlung [*baptizatione*], denn *baptizatio* nennt sich die Handlung, mit der er tauft, die von der Taufe [*baptismus*] selbst unterscheidet, denn sie ist *opus operans*, während die Taufe ein *opus operatum* ist, wenn man so sagen kann« (PL, CCXI, S. 1235).

א Es ist wichtig festzuhalten, dass sowohl Peter von Poitiers wie Innozenz III, im Unterschied zu den späteren Theologen, von *opus operans* und nicht von *opus operantis* sprechen. Die Unterscheidung – und darin liegt, wie wir sehen werden, ihre Neuheit – trennt also nicht nur das Subjekt von seiner Handlung, sondern teilt auch die Handlung selbst, die einerseits als Handlung eines Handelnden und andererseits für sich genommen wird, also in ihrer Wirklichkeit.

12. Es ist jetzt offensichtlich, was bei der Strategie, *opus operatum* und *opus operans* zu unterscheiden, auf dem Spiel steht. Es geht darum, in einer Handlung die Wirklichkeit ihrer Wirkung sowohl vom sie vollziehenden Subjekt (ohne dass dieses in der Folge jeder Verantwortung ihr gegenüber entbunden wäre) als auch vom Verlauf ihres Vollzugs zu trennen. Man muss sich veranschaulichen, welcher einzigartige Rang damit dem Tun des Priesters zukommt. Es entzweit sich: auf der einen Seite das *opus operatum*, also die Wirkungen, die es hervorruft, und die Rolle, die es in der göttlichen Ökonomie spielt; auf der anderen das *opus operans* (oder *operantis*), also die subjektiven Veranlagungen und Umstände, durch die der Handelnde die Handlung entstehen lässt. Die Liturgie als *opus Dei* ist die Wirklichkeit, die aus dem Zusammenwirken dieser beiden getrennten und dennoch verbundenen Elemente resultiert.
Auf diese Weise zerbirst der ethische Zusammenhang zwischen dem Subjekt und seiner Handlung; entscheidend ist nicht mehr die aufrichtige Absicht des Handelnden, sondern nur die Funktion, die die Handlung als *opus Dei* er-

füllt. So wie das Handeln des Dämons als *opus operatum* im Dienste Gottes steht, auch wenn es als *opus operantis* böse ist, so ist die liturgische Handlung des Priesters als *opus Dei* auch dann wirksam, wenn der Priester unwürdig ist oder sündigt. Die Liturgie definiert so ein besonderes Feld von Handlungen, in dem das Paradigma des Mysteriums aus dem Hebräerbrief (das *opus operatum* des Christus als Hohepriester) und dasjenige des Kirchendiensts aus dem Clemensbrief (das *opus operantis Eccleasiae*) gleichermaßen übereinstimmen und sich unterscheiden. Dies kann aber nur um den Preis geschehen, die Handlung des Priesters zu teilen und von ihrem persönlichen Gehalt zu entleeren; der Priester als »beseeltes Instrument« eines Geheimnisses, das ihn übersteigt, handelt in Wirklichkeit nicht und übt doch, als Träger eines Amts, in gewisser Weise eine eigene Handlung aus. Der Priester als beseeltes Instrument ist also jenes paradoxale Subjekt, dem das Ministerium des Mysteriums, der Dienst am Geheimnis obliegt. Da in ihm das *opus operantis* nur insofern mit dem *opus operatum* zusammenfallen kann, als es sich von ihm unterscheidet, es sich von ihm aber nur dann unterscheiden kann, wenn es sich in ihm auflöst, so kann man (in der Begrifflichkeit der Sprechakttheorie) sagen, dass sein Glück sein Unglück und sein Unglück sein Glück ist.

א Interessanterweise widmet die Enzyklika *Mediator Dei* von 1947 dem Problem der Unterscheidung von *opus operatum* und *opus operantis Ecclesiae* eine besondere Aufmerksamkeit und versucht mit allen Mitteln, das Problem der Diskrepanz (*discrepantia*), die zwischen den beiden besteht, herunterzuspielen. »Im geistlichen

Leben«, heißt es unter der Überschrift *Falsche Gegensätze, die in unserer Zeit erdacht wurden und abzulehnen sind,* »kann es also keinen Widerstreit und keine Diskrepanz (*discrepantia vel repugnantia)* geben zwischen dem göttlichen Wirken, das zur ununterbrochenen Fortführung unserer Erlösung den Seelen die Gnade zuleitet, und dem willigen Mitwirken der Menschen (*sociam laboriosamque hominis operam*), die Gottes Geschenk nicht vergeblich empfangen dürfen; keinen Widerspruch zwischen der Wirksamkeit des äußeren Zeichens der Sakramente, die *ex opere operato* wirken, und dem verdienstlichen Werk derer, welche die Sakramente spenden oder empfangen, was wir *opus operantis* nennen; keinen Widerspruch zwischen öffentlichem und privatem Gebet, zwischen Aszese und liturgischer Frömmigkeit; keinen Widerspruch schließlich zwischen der Rechts- und Lehrgewalt der kirchlichen Hierarchie und ihrer priesterlichen Gewalt im eigentlichen Sinne, die sich im heiligen Amt betätigt.« (Braga und Bugnini, S. 578)

Insofern der Text aber mehrfach betont, dass die Wirksamkeit des Kultus, zumindest hinsichtlich der Sakramente, »vor allem und an erster Stelle *ex opere operato*« (ebd., S. 574) entsteht, ist es nicht klar, worin die Notwendigkeit des *opus operantis Ecclesiae* bestehen soll, die die Enzyklika so nachdrücklich betont.

Wir können hier das theologische Muster der Scheidung, die zugleich Zusammenwirken ist, erkennen, die die politische Praxis marxistischer Tradition dauerhaft gekennzeichnet hat – in das notwendige Engagement und den Einsatz des politischen Aktivisten auf der einen Seite und die dialektischen Gesetze der Geschichte, die deren Wirksamkeit garantieren, auf der anderen.

Schwelle

In völliger Übereinstimmung mit der etymologischen Bedeutung des Wortes *leitourgia* hat die Kirche stets den »öffentlichen« Charakter ihrer Liturgie hervorgehoben. Frömmigkeit und private Gebete sind ohne Zweifel von Bedeutung, aber ihr eigentlicher Wert, so ermahnt die Enzyklika *Mediator Dei*, liegt darin, dass sie auf den öffentlichen Gottesdienst vorbereiten, in dessen Mittelpunkt die Eucharistiefeier steht (Braga und Bugnini, S. 578), und wenn sie von dieser getrennt sind, werden sie »eine verwerfliche und unfruchtbare Sache« (ebd., S. 576). Die Definition der Liturgie, die in der Enzyklika enthalten ist, drückt diesen öffentlichen Charakter durch das Bild des »mystischen Leibes« Christi aus (das den Geschichtsschreibern der Politik nicht unbekannt sein dürfte), der aus der untrennbaren Vereinigung der Gläubigen mit ihrem »Haupt« besteht: Die heilige Liturgie »stellt den gesamten öffentlichen Gottesdienst des mystischen Leibes Jesu Christi dar, seines Hauptes nämlich und seiner Glieder.« (Ebd., S. 571)

Diese politische Bedeutung der Kirche als liturgische Versammlung stellt Erik Peterson in den Mittelpunkt seines 1935 erschienen Buchs über die Engel. »Die christliche Ekklesia«, so schreibt er, ist »die zum Vollzug bestimmter Kulthandlungen … zusammentretende Versammlung der Vollbürger der Himmelsstadt« (Peterson, S. 198). »Der Kult der himmlischen Kirche«, so lesen wir einige Seiten später, »und damit implizite natürlich auch die Liturgie der irdischen Kirche, die sich mit der himmlischen vereint, hat eine ursprüngliche Beziehung zu der politischen Welt« (ebd., S. 202).

Der Unterschied zwischen und zugleich die Verbindung von himmlischer und irdischer Kirche entspricht hier dem zweigeteilten Ausdruck von *opus operatum* und *opus operans*, immanenter und ökonomischer Dreifaltigkeit, die wir als bestimmend für die Liturgie ausgemacht haben. Die Liturgie verwirklicht die politische Gemeinschaft von himmlischer und irdischer Kirche und zugleich die Vereinigung immanenter und ökonomischer Dreifaltigkeit in einer sakramentalen Praxis. Aber gerade deshalb ist sie in ihrem Wesensgrund von einer Zweideutigkeit gekennzeichnet. Wenn sie Ausdruck der Tätigkeit im Inneren des göttlichen Lebens ist, der ökonomischen Aktivität von Christus als »Liturg« und Priester und seines mystischen Leibes, dann muss sie *ex opere operato* wirksam sein. Wenn sie aber, andererseits, die Praxis der Ekklesia als politischer Gemeinschaft bezeichnet, kann es keine Liturgie ohne das *opus operans* ihrer Mitglieder geben. »Das Erlösungswerk«, so stellt die Enzyklika fest, »das in sich etwas von unserem Willen Unabhängiges ist, verlangt unser inneres Mittun (*nisus*), damit wir das ewige Heil erlangen können« (Braga und Bugnini, S. 576).

Indem sie die eigentümliche Operativität ihres öffentlichen Tuns auf diese Weise definiert, hat die Kirche das Paradigma einer menschlichen Aktivität erfunden, deren Wirksamkeit nicht vom Subjekt abhängt, das sie ins Werk setzt, und die dennoch auf das Subjekt als »lebendiges Instrument« angewiesen ist, um sich zu verwirklichen und ihre Wirkung zu entfalten. Das liturgische Mysterium, insofern sich in ihm das Mysterium der trinitarischen Ökonomie verwirklicht, ist das Mysterium dieser Praxis und dieser Operativität.

II. Vom Mysterium zur Wirkung

1. Der Begriff »Mysterium« steht im Mittelpunkt einer Reflexion über die Liturgie, die das heutige Bewusstsein der Kirche von ihrem Wirken zutiefst geprägt hat. Es geht um das Werk Odo Casels, eines Benediktinermönchs aus dem rheinischen Kloster Maria Laach, der einer der wichtigsten Impulsgeber der später so genannten *Liturgischen Bewegung* war. Schon Ildefons Herwegen, der 1914 zum Abt von Maria Laach ernannt wurde, hatte eine Neulektüre der Quellentexte der liturgischen Überlieferung angestoßen, die ab 1918 ihren Ausdruck in zwei Publikationsreihen mit den bezeichnenden Titeln *Literaturgeschichtliche Quellen und Forschungen* und *Ecclesia orans* fand. Ab 1921 stellt Casel diesen beiden das »Jahrbuch für Liturgiewissenschaft« zur Seite, das sich einer zugleich systematischen wie historischen Untersuchung des kirchlichen Kultus verschreibt. Im Laufe der zwanzig Jahre seines Erscheinens wurde das »Jahrbuch« vermittels einer beeindruckenden Menge philologisch-lexikographischer wie theologischer Studien zum Träger desjenigen, was eine dem Kloster Maria Laach gewidmete Monographie zu Recht als »Erneuerung der Kirche aus dem Geist der Liturgie« (Jeggle-Merz) bezeichnet. Aus der Perspektive Casels und seiner Adepten ist die Liturgie nicht mehr nur der Vollzug eines Rituals, das seinen Sinn andernorts hat – im Glauben und in der dogmatischen Theologie –, sondern der *locus theologicus* par excellence, der für die Kirche der einzige Ausgangspunkt für ihr Leben und ihre Wirklichkeit sein kann.

»Christentum«, so schreibt Casel, »ist nicht ›Religion‹ oder ›Konfession‹ im neueren Sinne, d. h. ein System von mehr oder weniger dogmatisch festgelegten Wahrheiten, die man annimmt oder bekennt, und von moralischen Geboten, die man einhält oder wenigstens anerkennt. Gewiß gehört zum Christentum beides, sowohl ein Wahrheitsgebäude wie ein Sittengesetz. Aber beides erschöpft nicht das Wesen des Christentums« (Casel I, S. 25). Das Christentum – so der Grundgedanke, der Casels Werk zusammenfasst – ist wesentlich »Mysterium«, also ein liturgisches Tun, das in der Form des Rituals die Heilstat Christi der Kultgemeinde stets aufs Neue vergegenwärtigt und diese dadurch errettet. Gegen die Desakralisierung und die Rationalisierung der Welt, die die Moderne ausmachen, betreibt Casel seine Verteidigung des Mysteriums.

א Indem er nachdrücklich die zentrale Bedeutung der Mysterienhandlung hervorhebt, scheint Casel (und mit ihm die liturgische Bewegung) unausgesprochen auf das alte Axiom zu verweisen, das in der Tradition der Kirche den Primat der Liturgie vor dem Glauben festlegte: *legem credendi statuat lex supplicandi* (oder abgekürzt *lex orandi-lex credendi*). Wie bemerkt wurde, sind für Casel »die authentischen liturgischen Traditionen nicht einfach eine Quelle unter vielen für das Wissen um den Glauben, sondern die Quelle der und das wichtigste Zeugnis für die Lebendigkeit des Glaubens und damit aller Theologie« (Kilmartin, S. 96 f.). Und sicher ist es kein Zufall, dass das beeindruckende philologische Werk seiner Schule der Analyse liturgischer und sakramentaler Texte den Vorzug gegenüber derjenigen biblischer und theologischer Schriften im engeren Sinne gibt. Die Liturgie steht hier im gleichen Maße vor der Glaubenslehre, wie in zeitgenössischen politischen Bewegungen die Betonung eher auf der Praxis als auf der Theorie liegt. Da die Thesen der liturgischen Bewegung innerhalb der Kirche sehr großen Erfolg hatten, überrascht es nicht, dass Pius XII. in seiner Enzyklika der Widerlegung ihrer extremen Erscheinungsformen einen wichtigen Abschnitt widmet. Obgleich er die wesentliche Bedeutung der liturgischen Praktiken deutlich unterstreicht, kehrt er das Prinzip, wonach die Regeln der Liturgie diejenigen des Glaubens bestimmen, genau um. »Die heilige Liturgie bestimmt und umschreibt nicht endgültig und aus eigener Autorität den katholischen Glauben … Wollen wir aber das Verhältnis zwischen Glauben und Liturgie in allgemein und unbedingt gültiger Form genau erfassen und abgrenzen, so kann vollkommen richtig gesagt werden: durch das Gesetz des Glaubens soll das Gesetz des Betens bestimmt werden [*Lex credendi legem statuat supplicandi*].« (Braga und Bugnini, S. 581) Und dennoch scheint der Papst, darauf deutet eine Zwischenüberschrift des einschlägigen Kapitels hin, eine »sehr enge Verbindung von Liturgie und Dogma im Sinn zu haben« (*arcta connexio liturgiae et dogmatis:* ebd., S. 580), in der die Liturgie »nicht zu unterschätzende Beweise und Zeugnisse zur Klarstellung eines einzelnen Punktes der christlichen Lehre an die Hand geben« kann (ebd., S. 581).

2. Nicht ohne Grund hat man die ersten zwanzig Jahre des zwanzigsten Jahrhunderts als das »Zeitalter der Bewegungen« bezeichnet. Dies betrifft nicht nur die Parteien, die auf dem rechten wie dem linken Flügel durch Bewegungen verdrängt werden (sowohl die Arbeiterbewegung als auch der Faschismus und der Nationalsozialismus bezeichnen sich als »Bewegungen«), sondern auch die Künste, die Wissenschaften und viele andere Felder des Zusammenlebens, in denen Bewegungen die hergebrachten Schulen und Institutionen in einem Umfang ersetzen, der einen vollständigen Überblick fast unmöglich macht (es ist bezeichnend, dass Freud, als er 1914 einen Namen für seine Lehre suchte, sich schließlich für »psychoanalytische Bewegung« entschied).

Gemeinsam ist den Bewegungen die Distanzierung vom geschichtlichen Kontext ihrer Entstehung und von der Weltsicht ihrer Epoche und Kultur, der sie sich entgegenstellen. In diesem Sinne ist auch die liturgische Bewegung Teil der gleichen Reaktion gegen den humanistischen Individualismus und die Rationalisierung der Welt, die viele Bewegungen aus der Zeit nach dem Ersten Weltkrieg auszeichnet. Die Lektüre des ersten Kapitels von Casels Buch und Manifest »Das christliche Kultmysterium« (1932), das den Titel »Die Wende zum Mysterium« trägt, ist in dieser Hinsicht besonders lehrreich. Unsere Zeit, so schreibt Casel, erlebt den Untergang des Individualismus und des Humanismus, die glaubten, das Mysteriendunkel auf ewig vertrieben zu haben, indem sie die Welt und die Natur des Göttlichen entkleideten. Durch diesen Zusammenbruch des rationalen Humanismus aber hat unsere Zeit »die Wende zum Mysterium« (Casel 1, S. 21) ermöglicht. »Die Welt wird wieder zum Schauplatz göttlicher Kräfte«, und »das göttliche Mysterium steht wieder … vor unseren Augen«

(ebd.). In einer kaum versteckten Anspielung auf die Ereignisse seiner Zeit außerhalb der Kirche, in besonderem Maß auf die Renaissance von Zeremonien und Liturgien in der Politik, schreibt Casel daher: »Die außerkirchliche und außerchristliche Welt sucht heute auch nach dem Mysterium. Sie baut sich einen neuen Ritus, in dem der Mensch sich selbst einen Kult errichtet. Aber sie dringt nie zum Kerne Gottes vor« (ebd., S. 24).

3. Die Strategie Casels wird bereits in seiner Dissertation *De philosophorum Graecorum silentio mystico* deutlich, die er 1918 an der Universität Bonn bei August Brinkmann verteidigte. In der Gestalt einer rein historisch-philologischen Untersuchung treten schon hier die beiden Thesen auf, die seine weiteren Arbeiten leiten sollten.

Die erste, die Gegenstand seiner Dissertation ist, sagt aus, dass die heidnischen Mysterien (eleusinische, orphische und hermetische) nicht als eine geheime Lehre betrachtet werden sollten, die man in Worten ausdrücken könnte, die zu enthüllen aber verboten ist. Diese Bedeutung des Wortes »Mysterium« ist, so Casel, nachträglich entstanden und vom Einfluss der neopythagorischen und neoplatonischen Schulen geprägt. Ursprünglich bedeutet »Mysterium« eine Praxis, *drōmena*, Gesten und Handlungen, durch die ein göttliches Wirken in der Zeit und in der Welt zur Errettung der Menschen Wirklichkeit wird: *silentium mysticum non qualcumque theologiam, sed actiones ritusque sacros texisse* (Casel 2, S. 19).

Die zweite These, die die Dissertation in Form einer Frage beschließt, ist in Wirklichkeit eine programmatische Erklärung: »Die griechische Philosophie existiert nicht mehr, aber sie ist nicht tot. Daher kann man fragen, ob die Christen die griechische Lehre von den Mysterien aufgenommen und wieder gebraucht haben und welchen Einfluss sie nicht nur auf ihre Philosophie und Theologie gewonnen hat, sondern auch auf ihren heiligen Kultus und ihre moralischen Regeln (vor allem bei den Mönchen). Davon will ich an anderer Stelle sprechen [*qua de re alio loco erit agendum*]« (ebd., S. 158).

Man kann sagen, dass das gesamte weitere Werk Casels die geduldige, methodische und beharrliche Entwicklung dieses Programms ist, das mittels einer beeindruckenden Zahl lexikalischer wie historisch-philologischer Untersuchungen die Verbindung der sakralen Liturgie des Christentums mit den heidnischen Mysterien und die wesentlich »mysteriöse« Natur des christlichen Kultus aufzuzeigen versucht.

א Der Versuch, die heidnischen Mysterien und die christliche Liturgie auf irgendeine Weise in Verbindung zu bringen, ist in Wirklichkeit implizit schon in der Geste enthalten, mit der Clemens Alexandrinus die »Mysterien des Logos« (*tou logou ta mystēria*) den heidnischen Mysterien gegenüberstellt (*Protr.*, 12). In jedem Falle hatten zwischen dem Ende des 19. und den ersten Jahrzehnten des 20. Jahrhunderts die Religionshistoriker, von Usener bis Dieterich, von Reitzenstein bis Wilhelm Bousset, die offensichtliche Verbindung zwischen der Heilserfahrung in den heidnischen Mysterien und der christlichen Botschaft bereits zweifelsfrei dargelegt. Dass diese These nun von einem Benediktinerkloster aufgegriffen wurde und sich innerhalb der Kirche verbreitete, erklärt die erneuerte Bedeutung, die ihr in der Theologie des 20. Jahrhunderts zukam, ebenso wie die Polemiken, die ihre Verbreitung begleiteten. Noch 1944, drei Jahre bevor die Kurie mit der Enzyklika *Mediator Dei* Stellung zu den Thesen der liturgischen Bewegung bezog, hatte ein jesuitischer Theologe, Hugo Rahner, in einem Vortrag über *Das christliche Mysterium und die heidnischen Mysterien* Anlass zu der Bemerkung, die Auseinandersetzung über diese Frage sei »noch in vollem Fluss« (Rahner, S. 356).

Die Lehre Casels kann als Versuch gesehen werden, eine nichtjüdische Genealogie der christlichen Liturgie zu konstruieren (die, wie wir wissen und wie die Studien von Werner belegen, in Wirklichkeit zu vielen Teilen direkt von der Liturgie der Synagoge abstammt). »Solche Mysterien«, wird er nicht müde zu wiederholen, »kannte das Judentum nicht. ... Die jüdische Gesetzesreligion war nicht mystisch; wo sich mystische Ideen zeigen, wie bei den Propheten, da knüpfen sie nicht an den Kult an. Der eigentliche Begriff des Mysteriums findet sich daher nur im Hellenismus« (Casel 3, S. 140). In diesem Sinne ist es denkbar, besonders angesichts der historischen Umstände, dass die Distanzierung von der jüdischen Genealogie unbewusste antisemitische Implikationen beinhaltet (die der Autor, das muss man der Ehrlichkeit halber betonen, offenbar nie explizit geäußert hat.)

4. Die These von der Entstehung der christlichen Liturgie aus den heidnischen und spätantiken Mysterien war Ausgangspunkt endloser Diskussionen zwischen Theologen und Liturgiehistorikern. Die lexikalischen Studien Casels und seiner Schüler über die semantische Geschichte (die sie »theologische Philologie« nennen) der Begriffe *mysterium*, *sacramentum*, *leitourgia* zeigen, dass schon die Kirchenväter zwischen dem vierten und fünften Jahrhundert ein klares Bewusstsein von der Bedeutung dieser Begriffe im heidnischen Kontext hatten. Die hitzigen Debatten über die Ableitung des lateinischen Begriffs *sacramentum* vom klassischen Eid beispielsweise, der in der Figur des Gelübdes eine Weihe beinhaltete und in diesem Sinne Teil der Initiationsriten in den Mysterien war, begannen schon zu Lebzeiten Casels und dauerten über seinen Tod hinaus an.

Die Debatte um die »theologische Philologie« läuft aber Gefahr, eine wesentlichere Fragestellung zu überschatten, die nicht so sehr die Kontinuität von heidnischen und christlichen Mysterien betrifft, sondern vielmehr das Wesen des liturgischen Mysteriums selbst. Wenn wir vollständig nachvollziehen wollen, was Casel unter Mysterium versteht, müssen wir nach der Rolle fragen, die es in seiner argumentativen Strategie spielt. Was also steht, für Casel, in der Definition des Christentums als »Mysterium« auf dem Spiel? Warum ist die genealogische Verbindung zu den heidnischen Mysterien für ihn so entscheidend?

Mysterium heißt für Casel im Wesentlichen »heilige Handlung«. Das Christentum als Mysterium zu definieren bedeutet für ihn also zuvörderst, deutlich zu machen, dass die Kirche nicht einfach nur eine Gemeinschaft von Gläubigen ist, die eine in einer Reihe von Dogmen ausgedrückte Lehre teilt. Die Kirche definiert sich vielmehr als die Teilnahme an der Kulthandlung in der Form des Mysteriums. »Aber wie der Heilsplan nicht bloß Lehre, sondern in erster Linie die Heilstat Christi umfasst, so führt auch die Kirche nicht durch das Wort allein, sondern durch heilige Handlungen die Menschheit zum Heile.« (Casel 1, S. 23) »Die Erlösung Christi muss also auch an uns Wirklichkeit werden. Dies aber geschieht nicht durch eine bloße ›Applikation‹, bei der wir uns rein passiv verhielten, durch eine ›Rechtfertigung‹ rein durch den ›Glauben‹ oder durch eine Zuwendung der Gnaden Christi, bei der wir nur negativ die Hindernisse wegzuräumen hätten, um sie zu empfangen. Sondern es ist eine lebendige, tätige Teilnahme an der Erlösungstat Christi notwendig, die *passiv* ist, insofern als der Herr sie an uns wirkt, *aktiv*, insofern als wir tätig durch eine Handlung daran teilnehmen. Dem Wirken Gottes an uns (*opus operatum*) soll unser in Gott gnadenhaft vollzogenes ›Mitwirken‹ (*opus operantis*) entsprechen.« (Ebd., S. 31)

Dies bedeutet, bei genauem Hinsehen, dass die Kirche so etwas wie eine politische Gemeinschaft (Casel benutzt den Ausdruck »Mysteriengemeinschaft«) ist, die ihre Erfüllung nur in einem bestimmten Tun findet, also in der Liturgie. Indem er den ursprünglichen politischen Sinn des Begriffs *leitourgia* wieder anklingen lässt, bestätigt Casel, dass die beiden Begriffe »Mysterium« und »Liturgie« das Gleiche bedeuten, aber aus zwei verschiedenen Gesichtspunkten: »›Mysterium‹ bezeichnet hier den eigentlichen Kern der Handlung, also in erster Linie das erlösende Wirken des erhöhten Herrn durch die von ihm eingesetzten heiligen Handlungen; ›Liturgie‹ aber, entsprechend seinem Wortsinne ›Volkswerk‹, ›Dienst‹, mehr das Tun der Kirche bei diesem Heilswerk Christi.« (Ebd., S. 62)

In einem anderen Text präzisiert er: »Mysterium bedeutet göttliche Tat in der Ekklesia, also objektive Tatsachen, die in einer Gemeinschaft und für sie geschehen und daher einen überindividuellen Ausdruck im Gemeinschaftsdienste finden« (Casel 2, S. 146). Diese göttliche Tat ist in der liturgischen Handlung wirklich gegenwärtig, die sich daher definiert als der »rituelle Vollzug des Erlösungswerkes Christi in der Ekklesia und durch sie …, also die Gegenwart göttlicher Heilstat unter dem Schleier der Symbole« (ebd., S. 145).

א Die zentrale Bedeutung, die der pragmatische Charakter des liturgischen Mysteriums hat, wird in einem der ersten Texte, die Casel im »Jahrbuch für Liturgiewissenschaft« veröffentlichte, deutlich unterstrichen, *»Actio« in liturgischer Verwendung*, der deswegen so wichtig ist, weil durch ihn die Frage nach der Verbindung von Liturgie und Recht gestellt werden kann. Durch die Analyse einer Formel, die in den ältesten Sakramentaren und noch im römischen Messkanon enthalten ist, zeigt Casel, dass die Bezeichnung für die Eucharistiefeier ursprünglich *actio* war, »Handlung, Tat«. Casel erwähnt an dieser Stelle die Meinung Baumstarks, dem zufolge der liturgische Gebrauch des Wortes aus dem römischen Recht stammt, in dem *actio* die herausgehobene Form des Handelns *legis actio*, das Urteil, bezeichnete (Baumstark, S. 38 f.). *Actio* bezeichnete hier die besondere performative Wirksamkeit, die vom Aussprechen einer rituellen Formel (und der sie begleitenden Geste) ausgeht und die, in der frühesten Form der Gerichtsverhandlung, der *legis actio sacramenti*, auch das Ableisten eines Eides beinhaltete.

Obschon bereits Honorius von Autun die Analogien von Prozess und Messe aufgezeigt hatte, verwirft Casel die These Baumstarks und behauptet stattdessen, der liturgische Gebrauch des Begriffs *actio* stehe vielmehr in Verbindung mit der römischen Begrifflichkeit des Opfers, wo *agere* und *facere* die Opferhandlung benannten. »Die Bezeichnung des Kanons mit *actio* beweist, dass zur Zeit ihrer Entstehung noch die altchristliche, echt liturgische Auffassung der *eucharistia* als des einheitlichen Opfergebetes lebendig war. Sie ist zugleich ein wichtiger Fingerzeig für die Beurteilung der altchristlichen Liturgie überhaupt. Nicht stumme Versenkung ist ihr Inhalt, nicht abstrakte, theologische Doktrin ihr Gegenstand, sondern Handlung, Tat« (Casel 5, S. 39).
Weil er wie stets darauf konzentriert ist, das praktische Wesen der Liturgie herauszustreichen, bemerkt Casel nicht, dass aus der Analogie mit der *legis actio* ein Verständnis für die besondere Natur der liturgischen Handlung hätte erwachsen können. Die Wirksamkeit *ex opere operato*, die sie auszeichnet, entspricht punktgenau der performativen Wirksamkeit, die vom Aussprechen der Formel der *actio* ausging und die unmittelbar die juristischen Folgen eintreten ließ, die in der Erklärung enthalten waren (*uti lingua nuncupassit, ita ius esto*). Im Recht stellt sich also ebenso wie in der Liturgie die Frage nach dem besonderen performativen Regime der Wirksamkeit einer *actio*, das wiederum näher bestimmt werden muss.

א Auf ähnliche Weise streitet Walter Düring in seinem Aufsatz über das Konzept des Pfands in der römischen

Liturgie die doch so offensichtliche Nähe von liturgischer Wirklichkeit und Recht ab. Der Begriff *pignus*, der im römischen Recht den Gegenstand bezeichnet, den der Schuldner als Garantie für die Rückzahlung vollständig in den Besitz des Gläubigers übergibt, wird in den liturgischen Texten in Bezug zum Kreuz, zu den Reliquien der Heiligen und, in besonderem Maße, zur Eucharistie gesetzt, die als »Pfand der Erlösung« definiert wird. So wie das Pfand in den Händen des Gläubigers eine konkrete Antizipation einer zukünftig zu erbringenden Leistung darstellt, so antizipieren das Kreuz und die Eucharistie die Gegenwart der eschatologischen Wirklichkeit. Es geht also nicht darum, ob den eucharistischen Texten über den *pignus* ein rechtliches Verhältnis zugrunde liegt (was Düring eben abstreitet: ebd., S. 398), sondern um die offensichtlichen strukturellen Analogien zwischen dem rechtlichen und dem liturgischen Feld.

5. Wenn die Wahrheit der Kirche im liturgischen Mysterium liegt und dieses durch die wirksame Gegenwart der göttlichen Erlösungstat bestimmt ist, dann setzt das Verständnis der Liturgie das Verständnis der Art und Weise dieser Gegenwart voraus. Diesem entscheidenden Problem, das in allen seinen Schriften mitschwingt, widmet sich Casel explizit in seinem Aufsatz mit dem bezeichnenden Titel *Mysteriengegenwart*.

Der Begriff Mysteriengegenwart ist, so Casel, eine Tautologie, »da eine ›Gegenwart‹ zum Wesen des Mysteriums gehört« (Casel 4, S. 145). Sie macht den »eigentlichen Kern christlicher Liturgie aus« (ebd.), die nichts anderes ist als die Vergegenwärtigung (*repraesentatio* im wörtlichen Sinne von »wieder gegenwärtig machen«) der Heilstat* Christi und damit, vor allem anderen, von Christus selbst. Casel zitiert in diesem Zusammenhang den Abschnitt aus *De mysteriis* von Ambrosius, in dem diese Gegenwart als solche benannt wird: »So glaube denn an Gottes Gegenwart dortselbst [in den Sakramenten, A. d. Ü.]! An seine Wirksamkeit glaubst du: an seine Gegenwart wolltest du nicht glauben? Wie könnte seine Wirksamkeit folgen, wenn nicht erst seine Gegenwart vorausginge?« (*De myst.*, 3, 8)[1]

Die Gegenwart, um die es beim Mysterium geht, ist aber nicht die historische Gegenwart Jesu auf dem Golgatha, sondern eine besondere Gegenwart, die einzig die Heilstat Christi betrifft (und also Christus als Heiland). Christus ist der Kirche tatsächlich auf zweifache Weise erschienen: »als der historische Mensch Jesus, dessen Gottheit noch verhüllt war, … und dann als der *kyrios Christos*, der durch seine Passion hindurch zum Vater und zur ewigen Verklärung ging« (Casel 4, S. 155). Gegenwärtig sind im liturgischen Mysterium aber »nur die Taten, die Christus als der Heiland vollzogen hat, nicht die rein geschichtlichen und deshalb für die *Oikonomia* wertlosen Nebenumstände« (ebd., S. 174). Das bedeutet, dass Christus im Opfer der Eucharistie »nicht wieder historisch real« stirbt, aber die Heilstat »sakramental, *in mysterio*, *in sacramento*, gegen-

1 Dt. nach Ambrosius von Mailand, *Über die Mysterien*, in: *Des heiligen Kirchenlehrers Ambrosius von Mailand ausgewählte Schriften*, aus dem Lateinischen übers. und eingel. von Joh. Ev. Niederhuber, Bibliothek der Kirchenväter, 1. Reihe, Band 32, Kempten, München 1917.

wärtig und dadurch für die Heilssuchenden zugänglich« wird (ebd.).
Es bleibt hervorzuheben, dass diese Gegenwart für Casel dennoch wirklich und nicht bloß wirksam ist (ebd., S. 159). In einer Erörterung des augustinischen Satzes *Semel immolatus est in semetipso Christus, et tamen quotidiae immolatur in sacramento*, schreibt er, dass die *immolatio*, die auf dem Altar stattfindet, zwar nicht historisch-real, wohl aber sakramental und genau aus diesem Grund »keine reine Darstellung [ist] – dann wäre sie kein Sakrament –, sondern Wirklichkeit unter dem Zeichen. Mit einem Worte: sie ist *sacramentum*, Mysterium« (ebd., S. 182).
Daher zerstört für Casel der Protestantismus, der abstreitet, dass das Opfer Christi in der Eucharistiefeier wirklich gegenwärtig ist, »die eigentliche Kraft der katholischen Liturgie«, die darin liegt, »objektives, *wirklichkeitserfülltes* Mysterium der Heilstat Christi zu sein« (ebd., S. 200).

6. Um das einzigartige Wesen der Gegenwart zu erklären, die er *Mysteriengegenwart* nennt, greift Casel in seinem Aufsatz auf die Tradition der östlichen Kirchenväter zurück, von Kyrill von Jerusalem bis Johannes Chrysostomos, die diese Gegenwart als pneumatische verstehen. »Das Pneuma Christi, oder noch klarer gesagt: der pneumatische Herr ist in den Mysterien gegenwärtig und durch diese in der Kirche beständig zugegen und tätig« (ebd., S. 162). Es gibt eine verwandte spirituelle Begrifflichkeit, die ihren Ort und ihren Sinnzusammenhang in der Theologie der Dreifaltigkeit hat, jedoch nichts über das Wesen der Gegenwart in den Mysterien aussagt, also über dasjenige, was wir als »Ontologie des Mysteriums« bezeichnen könnten. Die lateinischen Kirchenväter und die Scholastik hatten diesem Problem durch ein besonderes Wort begrifflichen Ausdruck verliehen, das den Modus der Gegenwart und die Operativität Christi in den Sakramenten bezeichnet. Es handelt sich um den Begriff *effectus*. Mit der semantischen Geschichte dieses Begriffes werden wir uns daher auseinandersetzen müssen.

Am Ende des Aufsatzes über die *Mysteriengegenwart* tritt dieser Begriff an einem entscheidenden Punkt auf, der die Interpretation der Eucharistielehre des Thomas betrifft. Bei der *immolatio*, die Teil der Eucharistie ist, unterscheidet Thomas zwei verschiedene Weisen, in denen dieser Begriff verwendet wird. Im ersten Fall handelt es sich um ein Bild, das die Leiden Christi darstellt (*imago quaedam … repraesentativa passionis Christi, quae est vera eius immolatio*); im zweiten hingegen um eine Bezeichnung für den *effectus* des Leidens Christi, also den Umstand, dass »wir nämlich durch dieses Sakrament der Frucht des Herrenleidens teilhaftig gemacht [*efficimur*] werden« (*S. th.* III, qu. 83, art. 1[1], vgl. Casel 4, S. 181). Casel zitiert noch weitere Stellen der *Summa*, an denen der Begriff *effectus* die Wirklichkeit der Wirkung des Sakraments bezeichnet, sowohl in Bezug auf die Darstellung (*id ex quo habet effectum, scilicet et ipse Christus contentus et passio eius repraesentata*) als auch auf Gebrauch und Zweck des Sakraments (*id per quo habet effectum, scilicet usus sacramenti*) (ebd., S. 184). Der Be-

1 Dt. nach Thomas von Aquin, *Summa theologica. Das Geheimnis der Eucharistie*, in: Die deutsche Thomas-Ausgabe, übersetzt von Dominikanern und Benediktinern Deutschlands und Österreichs, Bd. 30, Salzburg und Leipzig 1938, hier. S. 325.

griff *effectus* bezeichnet Casel zufolge diese wirkliche und wirksame Einheit von Bild und Gegenwart im liturgischen Mysterium, in der die Gegenwart in ihrer Operativität, also in ihrer Eigenschaft als Heilstat*, real ist: »die Mysteriengegenwart bedeutet eine reale Gegenwart, aber in einer Realität eigener Art. Einer Realität, wie sie aber nun auch dem Zwecke des Sakraments einzig entspricht: Denn der Zweck ist es, es dem Gläubigen zu ermöglichen, an dem Leben Christi als des Heilandes teilzunehmen zu seinem Heile« (ebd., S. 191).

In einem kurzen, aber dichten Aufsatz über die *römischen Orationen*, der drei Jahre später im »Jahrbuch« veröffentlicht wurde, wendet sich Casel erneut dem Begriff des *effectus* zu, um darzulegen, dass er nicht Wirkung, sondern Wirklichkeit bedeutet. Mit Hinblick darauf analysiert er eine Reihe von Texten, aus der eine Stelle eines Gebets Leos des Großen heraussticht, die ihm den wichtigsten Beleg für seine Argumentation liefert: »Es sollte sich also sichtbar verwirklichen [*manifesto implerentur effectu*], was in einem figurierten Mysterium vorhergesagt war [*figurato promissa mysterio*], dass an die Stelle des angedeuteten Lammes das wahre trete [*ovem significativum ovis vera removeret*] und dass die verschiedenen Opfer in einem einzigen ihre Erfüllung fänden … Damit also die Schatten den Körpern weichen und die Bilder angesichts der Wahrheit verschwinden, tritt an die Stelle der alten Bräuche ein neues Sakrament, wird Opfer durch Opfer, Blut durch Blut abgelöst, und die gesetzlichen Feierlichkeiten erfüllen sich in dem Moment, in dem sie umgestaltet werden« (Casel 6, S. 38).

Es ließe sich nur schwerlich abstreiten, dass *effectus* hier

nicht bloß die Wirkung* bezeichnet, also das Werk der Gnade, das vom sakramentalen Ritus ausgeht, sondern auch und in erster Linie die Wirklichkeit* als wirkende und damit vollendete Realität. »*Effectus*«, so schließt Casel, »bedeutet hier also nicht die ›Wirkung‹ oder ›Wirksamkeit‹, sondern die ›Durchführung‹, die ›Vollendung‹, die ›volle Wirklichkeit‹ gegenüber der äußeren, unvollendeten Erscheinung« (ebd., S. 38); er ist die unsichtbare Entsprechung des äußerlichen Tuns, in der »alles, was dort symbolisch dargestellt wird, … in Wirklichkeit auf[tritt], in einer Wirklichkeit unsichtbarer, pneumatischer Art, die dann auch gnadenhaft wirksam wird.« (Ebd., S. 45)
Es ist geboten, noch einmal die eigentümliche Beschaffenheit dieser »Realität« des Mysteriums zu bedenken, die weder der Gegenwart des historischen Christus in Fleisch und Blut (*sicut corpus in loco*), noch seiner bloß symbolischen Darstellung, wie etwa auf dem Theater, entspricht. Das liturgische Mysterium beschränkt sich nicht darauf, die Passion Christi darzustellen, sondern verwirklicht ihre Wirkung in der Darstellung, so dass man sagen kann, dass die Gegenwart Christi in ihm vollständig mit seiner Wirklichkeit zusammenfällt; aber dies hat, wie wir sehen werden, eine Umwandlung der Ontologie zur Folge, in der Wesen und Wirksamkeit scheinbar identisch werden.

ℵ Indem er die Wirksamkeit des christlichen Opfers auf diese Weise definiert, knüpft Casel an die scholastische Lehre vom Unterschied zwischen den Sakramenten der *vetus lex* und denjenigen, die von Christus eingesetzt wurden, an; während jene rein zeremoniellen und prophetischen Charakter, aber keinerlei Heilswirkung hatten, verwirklichen diese, indem sie umsetzen, was die jüdischen *sacra* bloß ankündigten, performativ dasjenige, was sie vorhersagen (*efficiunt quod figurant*). Casel spricht in diesem Zusammenhang von einem »wirklichkeitsgefüllten Bild«. In diesem Sinne können seine Arbeiten über die Liturgie an die Seite der Untersuchungen über das Bild als lebendige Wirklichkeit bzw. als wirkmächtige Pathosformel gestellt werden, die in den gleichen Jahren, in unterschiedlichen Kontexten, von Ludwig Klages und Aby Warburg angestellt wurden.

7. Walter Diezinger hat dem Begriff *effectus* in der katholischen Liturgie eine Monographie gewidmet, die, obschon sie sich als eine Untersuchung in historischer Semantik ausgibt, in ihrem Vorwort eine »Auseinandersetzung mit der Mysterienlehre Odo Casels« (Diezinger, S. 9) ankündigt, die den zuletzt zitierten Artikel behandelt. Diezinger geht erneut die von Casel angeführten Texte durch und zieht zusätzlich eine große Zahl liturgischer Dokumente zu Rate; er zeigt auf, dass in einigen von ihnen, wie in der zitierten Textstelle Leos des Großen, die Bedeutung von Wirklichkeit* zweifelsfrei gegeben ist, in anderen aber wohl eher etwas wie Wirkung* gemeint ist.
Die Monographie Diezingers macht aber in jedem Falle deutlich, dass dem Begriff *effectus* – unabhängig von der Frage nach seiner genauen Bedeutung – in den liturgischen Texten eine absolut zentrale Rolle zukommt, die es zu verstehen gilt. Die Diskussion über die Polysemie des

Begriffs *effectus* überschattet nämlich eine wesentlich entscheidendere Frage, ob nicht hinter den semantischen Oszillationen zwischen »Wirkung« und »Wirklichkeit« eine Verwandlung steht, die, jenseits der Bedeutungsgeschichte eines einzelnen Begriffs, tatsächlich die Geschichte der Ontologie betrifft, also das Wesen des Seins, das der Begriff zu benennen sucht. Die Gegensätzlichkeit von Wirkung* und Wirklichkeit* ist nämlich nicht bloß semantisch (die beiden Begriffe haben die gleiche Etymologie und den gleichen Wortstamm), sondern vielmehr ontologisch. Vielleicht handelt es sich also auch nicht um eine Gegensätzlichkeit, sondern eine Unbestimmtheit, die einem entscheidenden Wandel in der Begrifflichkeit der Ontologie entspricht. Während im Sprachgebrauch der klassischen Ontologie Sein und Substanz unabhängig von der Wirkung betrachtet werden, die sie hervorrufen können, ist das Sein in der Wirklichkeit nicht von seinen Wirkungen zu trennen, Wirklichkeit meint das Sein insofern es wirklich ist, bestimmte Wirkungen erzeugt und, zugleich, von ihnen bestimmt wird. Die Wirklichkeit ist also die neue ontologische Dimension, die sich zuerst im Bereich der Liturgie zeigt und sich dann nach und nach ausbreitet, um schließlich in der Moderne vollständig mit dem Sein als solchem zusammenzufallen.

Die Bedeutung des Begriffs *effectus* in den liturgischen Texten zu verstehen bedeutet daher, sich nun mit einem Wandel im Verständnis des Seins auseinanderzusetzen, der uns aufs nächste betrifft. Denn wir haben heute vielleicht gar keine andere Vorstellung vom Sein als die Wirklichkeit, und genau darum geht es in Begriffen wie Wirklichkeit*, *realitas*, »Realität« ebenso wie in der Definition des Daseins* im §9 von *Sein und Zeit*: »Das ›Wesen‹ des Daseins liegt in seiner Existenz«.[1]

8. Die Durchsicht der Vorkommnisse des Begriffs *effectus* im *Thesaurus linguae latinae* erweist sich in dieser Hinsicht als besonders lehrreich. Im Unterschied zum Verb *efficio*, von dem es etymologisch abstammt, taucht der Begriff *effectus* im Lateinischen verhältnismäßig spät auf (ca. 45 v. Chr.). Aber schon bei den ersten Belegen (bei Cicero und Varro) weist das semantische Oszillieren zwischen Wirkung und Wirklichkeit auf einen Wandel hin, der ebenjene ontologischen Kategorien betrifft, mit deren Hilfe die Realität verstanden wird. Im Gegensatz zu Diezinger, der sorgfältig darum bemüht war, Wirkung* und Wirklichkeit* auseinanderzuhalten, räumen die Redakteure des Lemmas ein, dass es letztlich unmöglich ist, Wirklichkeit (*actus efficiendi*) und Wirkung eines Tuns (*actus fructus*) voneinander zu trennen: *et est saepe in arbitrio interpretantis singulos locos, utram significationem potius accipiat*.

Nehmen wir die beiden ersten, zunächst banal erscheinenden Einträge im *Thesaurus*. Der eine ist die Aussage Ciceros (*Tusc.*, 2, 3), wonach *effectus eloquentiae audientium approbatio*. Sie bedeutet nicht »die Wirkung der Redekunst ist die Zustimmung durch die Zuhörer«, was ein Allgemeinplatz wäre, sondern, wie aus dem Kontext unabweisbar deutlich wird: »die Wirklichkeit, Realität der Redekunst liegt in der Zustimmung durch die Zuhörer« (also in der Wirkung, die sie hervorruft). Cicero hat also

1 Martin Heidegger, Sein und Zeit, Tübingen [18]2001, S. 42.

eine Seinsweise im Sinn, in der Realität und Wirkung ununterscheidbar sind.

Der zweite Eintrag stammt aus Varro (*De ling. lat.*, 9, 39). Varro merkt hier an, dass man beim Vergleich zweier Wörter nicht nur auf die formale Ähnlichkeit achten soll (*quid habeat in figura simile*), sondern auch darauf, *in eo quem habeat effectum*, was nicht so sehr »welche Wirkung sie haben« meint, sondern vielmehr (wie auch implizit im nächsten Beispiel) »wie die Wirksamkeit ihres Gebrauchs beschaffen ist«.

Dass *effectus* nicht einfach die Wirkung, sondern eine besondere Seinsweise von etwas meint, wird im Syntagma *esse in effectu* offensichtlich, das seit Cicero häufig vorkommt. Besonders bedeutsam ist in diesem Zusammenhang eine Stelle (*De fin.*, 3, 32), in der unrechte Handlungen (*peccata*) danach unterschieden werden, ob sie *in effectu* (wie seine Eltern zu misshandeln oder einen Tempel zu profanieren) oder *sine effectu* (wie traurig zu sein oder ein erotisches Begehren zu verspüren – *in libidine esse*) sind. Auch hier wäre die Übersetzung »mit bzw. ohne Wirkung« augenscheinlich unzureichend: Es geht um den ontologischen Status des Akts, die vollendete oder mangelhafte Wirklichkeit, die ihm abhängig davon entspricht, ob es sich um ein Tun oder einen Zustand handelt.

Die im eigentlichen Sinne ontologische Bedeutung des Begriffs *effectus* tritt in einer Reihe von Beispielen deutlicher zutage, in der er eine bestimmte Form der aristotelischen *energeia* in ihrem Verhältnis zur *dynamis* bezeichnet. So wird er im *Timaios*-Kommentar des Calcidius zur Bestimmung der Materie verwendet. Die Materie (Calcidius nennt sie *silva*) hat an sich keine Eigenschaften und formalen Bestimmungen (*sine qualitate ac sine figura et sine specie*) und tritt doch nie ohne diese auf. Und so wie wir ihr gedanklich diese Eigenschaften abrechnen können, ohne die sie aber nicht existiert, so können wir ihr deren Besitz *non effectu sed possibilitate* zuschreiben. Der *effectus* ist hier der Möglichkeit entgegengesetzt, aber nicht auf die gleiche Weise, wie bei Aristoteles *energeia* und *dynamis* einander entgegengesetzt sind. Es ist Calcidius ein wichtiges Anliegen, klarzustellen, dass Möglichkeit oder Potenz hier nicht so verstanden werden soll, wie man von einem Samen sagt, dass er die Potenz einer Pflanze in sich berge, sondern wie man von der Bronze sagt, sie habe die Potenz, vermittels äußerlicher Einwirkung (*extrinsecus*) zu einer Statue zu werden. *Effectus* benennt also nicht einfach das Im-Werk-Sein (die *energeia*), sondern das Tun, das von außen eine Potenz realisiert und in diesem Sinne wirklich wird.

Auf dieser Grundlage konnte Quintilian in einem Text, der einen beachtlichen Einfluss auf die christlichen Autoren ausüben sollte, zwischen Künsten *in actu* (oder *in agendo*) und *in effectu* unterscheiden; für Erstere steht der Tanz, der sein Ende in sich selbst hat und nach dem Ende des Akts kein Werk hinterlässt (*nihilque post actum operis relinquit*), für Letztere die Malerei, die ihr Ziel in einem Werk hat (*operis … consummatione finem accipit*: *Iust. or.*, II, 18, 1–2). Über die aristotelische Unterscheidung zwischen der *praxis*, die ihr *telos* in sich hat, und der *poiesis*, die ein äußerliches Ziel hat, hinaus (eine Unterscheidung, die hier fehl am Platz wäre, denn für Aristoteles kann eine *technē* – *ars* in keinem Fall als Tun definiert werden: *ankē tēn technēn poiēsōs all'ou praxeōs einai*: *EN*, 1140a, 17) geht es hier um den unterschiedlichen ontologischen Status, die unterschiedliche Art der Gegenwart, die den beiden Kunstgattungen eignet. Während die *energeia* des Tanzes zur Ordnung des *actus* (*in actu posita*) gehört, zählt die der Malerei zur Ordnung des *effectus*, in dem das Tun wirksam wird und in einem *opus* Wirklichkeit und Gestalt erlangt, das aber nicht für sich steht, sondern in erster Linie als *effectus* einer *operatio* gesehen wird.

Ambrosius greift im *Exameron* (I, 5, 17) im Zusammenhang mit der göttlichen Schöpfung der Welt auf den Passus von Quintilian zurück, um, in seinem bereits liturgisch durchdrungenen Wortschatz, zu unterscheiden zwischen *artes actuosae*, die nur aus »Körperbewegung und dem Ton der Stimme« bestehen und von denen nach der Handlung nichts zurückbleibt, und denjenigen Künsten, wie Architektur und Webkunst, von denen *cessante quoque operationis officio, operis munus adpareat ... ut operatori operis sui testimonium suffragetur*. Nur dem ersten Anschein nach hat Ambrosius hier ein Primat des Werks im Sinn. Das Syntagma *operis munus* – nicht das Werk, sondern die Funktion des Werks – in seiner Beziehung auf das *operationis officium*, das als »Offizium« verstandene Tun und der Verweis auf den Handelnden beweisen, dass er sich in Wirklichkeit in einer ontologischen Dimension bewegt, die nichts mehr mit der aristotelischen gemein hat. Es geht hier nicht um die Seinsweise und die Permanenz einer Form und einer Substanz (also eines Seins, das, in der aristotelischen Terminologie, »ist, was es war«), sondern um die Verlegung des Seins in die Sphäre der Praxis, in der das Sein das ist, was es tut, in der es seine eigene Operativität ist.

Es ist bezeichnend, dass hier die göttliche Schöpfung selbst mit den Worten *officium* und *munus* vorgestellt wird. Das Werk, bei Aristoteles das Paradigma des Seins, ist hier nur mehr Beweis und Wirkung eines Tuns (*est enim hic mundus divinae specimen operationis quia dum opus videtur, praefertur operator*). Der ontologische Status der liturgischen Handlung, des *opus Dei*, in der sich Sein und Tun, Wirklichkeit und Wirkung, Schöpfung und Werk, *opus operatum* und *opus operans* untrennbar verbinden, hat hier seinen wenig beachteten Vorläufer.

א In Wirklichkeit ist das Paradigma des Tuns, um das es hier geht, den *artes actuosae* wie dem Tanz oder dem Schauspiel näher, als es zunächst scheint. In dem Abschnitt von *De finibus* (3, 7, 24), der die vermutlich präziseste Beschreibung der Wirklichkeit enthält, vergleicht Cicero das *officium* der Weisheit mit den Gesten und Bewegungen des Schauspielers und des Tänzers und sagt von diesen, dass »ihr Zweck, das heißt die Verwirklichung der Kunst, nicht außerhalb, sondern in ihnen selbst gesucht werden muss [*in ipsa insit, non foris petatur extremum, id est artis effectio*]«. Das Ziel ist hier kein veräußertes Werk (wie in der *poiesis*), aber es fällt ebenso wenig, wie es auf den ersten Blick scheinen könnte, mit dem Tun selbst zusammen (wie in der *praxis*). Es fällt mit dem Tun überhaupt nur insofern zusammen, als dieses die Verwirklichung (*effectio*) einer Kunst ist. Entscheidend ist, dass das neue ontologisch-praktische Paradigma von einer künstlerischen Tätigkeit abgeleitet ist (einer theatralen bzw. tänzerischen), dass es also nicht um ein ethisches, sondern um ein bestimmtes technisches Paradigma geht. Während Aristoteles das

Werk (*ergon*) als *telos* der *poiēsis* des Handwerkers oder Künstlers betrachtete, ist das *telos* im Paradigma der performativen Künste wie Tanz und Schauspiel, die per definitionem werklos sind, nicht mehr das Werk, sondern die *artis effectio*.

9. Ausgehend von dieser semantischen Konstellation entwickelt sich bei den christlichen Autoren Schritt für Schritt ein ontologisches Paradigma, in dem nicht mehr *energeia* und *entelechia*, sondern Wirklichkeit und Wirkung die entscheidenden Eigenschaften des Seins sind. Vor diesem Hintergrund muss in den Schriften der Kirchenväter zur Mitte des 3. Jahrhunderts das Erscheinen der Begriffe *efficacia* und *efficientia* verstanden werden, die aufs engste mit *effectus* verbunden sind und als technische (wiewohl verräterische) Übersetzungen des griechischen *energeia* fungieren. Rufinus kann in diesem Sinne schreiben: *aliud est possibilitatem esse in aliquo, aliud efficaciam vel efficientium, quos Graeci* dynamin *et* energeian *vocant* (*Orig. in Rom.*, 8, 2, 1162c). Dass Rufinus mit diesen Begriffen schlicht die Wirklichkeit meint, wird im folgenden Abschnitt zweifelsfrei deutlich, wenn *efficacia* und *efficientia* mit *hoc est re ipsa atque effectu* glossiert werden; als Beispiel dienen der Schmied und derjenige, der *effectu operis agit*, sein Tun wirksam werden lässt (wörtlich: »mit der Wirklichkeit seines Werkes vorgeht, mit seiner ›Operativität‹«). Die Sache und die Handlung untrennbar voneinander im Hinblick auf ihre Wirklichkeit und ihre Funktion zu denken: Darin liegt die neue ontologische Dimension, die an die Stelle der aristotelischen *energeia* tritt. Und es verdient bemerkt zu werden, dass das Begriffspaar *dynamis-energeia* vor seiner kanonischen Übersetzung mit *potentia-actualitas* von den lateinischen Kirchenvätern als *possibilitas-efficacia* (*effectus*) wiedergegeben wurde.

Eine Glosse des Adjektivs *efficax* verdeutlicht die semantische Sphäre, um die es hier geht: *efficax dicitur quasi effectum capiens* (*Gramm.* suppl. 74,23). Wirksam ist nicht so sehr dasjenige, was eine Wirkung hervorruft, sondern »Wirkung nimmt«, sich Wirklichkeit gibt – das also im Modus des *effectus* existiert. In diesem Sinne übersetzt Hieronymus in *Heb.*, 4,12 der *Vulgata* das Griechische *energēs* mit *efficax*: *vivus est enim sermo Dei et efficax et penetrabilior omni gladio*. Dass die Wirklichkeit schließlich, wie schon der *effectus* bei Calcidius, ein göttliches oder menschliches Tun voraussetzt und nicht bloß einen immanenten natürlichen Vorgang, wird an den Stellen deutlich, an denen der Begriff *efficientia* der *natura* gegenübergestellt wird: *sit … in eo efficientia potius quam natura sapientiae* (Hil., *In math.*, 11, 2).

Die Zugehörigkeit des *effectus* zum Bereich der Ontologie finden wir bei Augustinus (*De gratia Christi et pecc. orig.*, 4, 5) ausdrücklich und bewusst bestätigt: *posse in natura, velle in arbitrio, esse in effectu*. Verweilen wir einen Moment bei dieser dreifachen Feststellung, die zuerst den Anschein eines Theorems hat, die es aber, wenn man sie in ihren Kontext einordnet, erlaubt, die Wandlung der Ontologie im Umfeld des Christentums zu verstehen und gleichsam aus der Nähe zu verfolgen. Der Satz stammt nicht von Augustinus, sondern findet sich in einem Zitat von Pelagius, dessen Meinung Augustinus aufgreift und widerlegt. In seiner leidenschaftlichen Verteidigung der menschlichen Fähigkeit, sündenfrei zu leben, schreibt Pelagius: »Wir unterscheiden und ordnen in einer bestimmten Reihenfolge drei Dinge an: zuerst das Vermögen [*posse*], als zweites das Wollen [*velle*], als drittes das Sein [*esse*]; und wir verorten das Vermögen in der Natur, das Wollen im freien Willen und das Sein in der Wirklichkeit [*esse in effectu*]«. Es ist offensichtlich, dass die drei Elemente bei Pelagius noch eine ontologische Gliederung im aristotelischen Sinne ausmachen, die dem Übergang von der Seinsweise der Potenz (*posse*, das nach Pelagius ausschließlich Gott zugehört) über den Willen (*velle*) bis zum Akt (*esse*, das hier bezeichnenderweise in der Wirklichkeit verortet ist, *in effectu*) entspricht. In dem Moment allerdings, in dem Augustinus die These seines Widersachers zusammenfasst, wird die ontologische Begrifflichkeit durch eine praktische ersetzt, innerhalb derer *esse* nun synonym für »Handeln« steht: *Nam cum* [*Pelagius*] *tria distinguat … possibilitatem, voluntatem, actionem* (ebd.).

Den Wandel des ontologischen Paradigmas, der nunmehr vollständig vollzogen ist, kann man hier klar ermessen: Das Sein stimmt vollständig mit der Wirklichkeit überein, *in dem Sinne, dass diese nicht einfach ist, sondern bewirkt und realisiert werden muss*. Entscheidend ist nicht mehr das *Werk* als beständiges Verweilen in der Anwesenheit, sondern als Operativität, die als Schwelle verstanden wird, an der Sein und Tun, Potenz und Akt, Werktätigkeit und Werk, Wirksamkeit und Wirkung, Wirkung* und Wirklichkeit* in ein Spannungsfeld eintreten und tendenziell ununterscheidbar werden. Diese Spannung und diese Ununterscheidbarkeit machen das liturgische Mysterium aus, das die Kirche als ihre eigenste und höchste Aufgabe ansieht.

א Der paulinische Gebrauch der Begriffe *energeō* und *energeia* veranschaulicht am allerbesten die neue Bedeutung, die ihnen in der christlichen Literatur mit wachsender Deutlichkeit zukommt. Während *energeia* und *dynamis* bei Aristoteles einen vielgestaltigen Modus der Anwesenheit und des Seins bezeichnen (»Die *energeia* ist das Bestehen einer Sache [*esti dē energeia to yparchein to pragma*], aber nicht in dem Sinne, in dem wir von einem Bestehen der Potenz nach sprechen«: *Met.*, 1048a, 32), benennt *energeia* bei Paulus (und seinen lateinischen Übersetzern) nicht mehr eine Seinsweise, sondern die Verwirklichung eines Vermögens, das Wirken, durch das ihm Wirklichkeit zukommt und es bestimmte Wirkungen erzeugt. In diesem Sinne wird Gott zum einen als die Ursache bestimmt, die alle Dinge wirksam und wirklich werden lässt (*ho theos ho energōn ta pantas en pasin*: *1 Kor.*, 12,6), und zum anderen als derjenige, der die »Vermögen seiner Stärke« in Christus hat wirksam werden lassen (*kata tēn energeian tou kratos tēs isychos kēn enērgēsen en tōi Christōi*: *Eph.*, 1,19–20). Besonders bedeutsam ist dabei der häufige Gebrauch der Wendung *kata tēn energeian tēs dynameōs*, »durch die Operativität seines Vermögens« (*Eph.*, 1,20; 3,7; 4,16; *Phil.*, 3,21). Und es überrascht nicht, dass Hieronymus sich in seiner Übersetzung dafür jeweils der Begriffe *operare* (*qui operatur omnia in omnibus*) und *operatio* (*secundum operationem potentiae*) bedient.

10. Die Ontologie der Wirklichkeit findet ihren umfassenden Ausdruck in der Theorie des Sakraments als Zeichen, die in der Scholastik von Berengar von Tours und Hugo von Sankt Viktor bis hin zu Thomas entwickelt wurde. Die Besonderheit der Sakramente liegt dieser Theorie zufolge darin, dass sie zugleich Zeichen und Ursache dessen sind, für das sie als Zeichen stehen. Es verwundert nicht, dass die Theologen zur Beschreibung dieser besonderen Performativität des Sakraments auf das Vokabular der Wirklichkeit zurückgreifen. »Das Sakrament«, so liest man in seiner anonymen *Summa sententiarum* des 13. Jahrhunderts, »ist nicht nur Zeichen einer heiligen Sache, sondern auch wirksam«; oder, um es mit einer Formel auszudrücken, die Thomas als kanonische anführt, die Sakramente *efficiunt quod figurant*, bewirken, was sie bezeichnen.

Das Paradigma für die Wirklichkeit des Sakraments ist die Performativität des Wortes Christi, die im Zentrum der eucharistischen Liturgie steht. Von grundlegender Bedeutung für dieses Verständnis sind zwei Textstellen aus dem Werk des Ambrosius, in denen das Wort Christi durch seine Wirklichkeit und Operativität definiert wird (Ambrosius prägt zu diesem Zweck das Adjektiv *operatorius*, das vor ihm nicht gebräuchlich war, vgl. Pépin. S. 333), und diese Wirklichkeit des Worts macht wiederum die Performativität des Sakraments aus. Im ersten Passus (*De fide*, 4, 7; PL, XVI, c. 631) zitiert Ambrosius *Heb.*, 4,12 und übersetzt das Griechische *energēs*, das dem Autor des Briefs zur Beschreibung des Wortes Christi dient, mit *operatorius*: *Sed non sermo noster operatur, solum est verbum Dei, quod nec prolativum est, nec quod* endiatheton *dicunt: sed quod operatur et vivit et sanat. Vis scire quale verbum? Audi dicentem: »vivum est enim verbum Dei et validum atque operatorium et acutum«*. Im zweiten Passus (*De sacr.* 4, 15) wird die »operative« Beschaffenheit des Wortes Christi angeführt, um die Wirksamkeit der Formel der eucharistischen Weihe zu erklären: *Quis est sermo Christi? Nempe is, quo facta sunt omnia. Iussit dominus, factum est caelum; iussit dominus, facta est terra; iussit dominus, facta sunt maria; iussit dominus, omnis creatura generata est. Vides ergo quam operatorius sermo sit Christi. Si ergo tanta vis est in sermone domini Iesu, ut inciperent esse quae non erant, tanto magis operatorium est, ut sint, quae erant et in aliud commutentur.*

Die Wirklichkeit der liturgischen Handlung fällt hier mit der Performativität des Wortes Christi zusammen. Und es ist bemerkenswert, dass in der Ontologie der Wirklichkeit, um die es in der sakramentalen Liturgie geht, vollends verständlich wird, was die moderne Linguistik (die hier vermutlich ihre Wurzeln hat) als strukturelle Beschaffenheit der performativen Verben beschreibt. Dass Wörter handeln, indem sie das von ihnen Bezeichnete verwirklichen, heißt, dass das Sein, das sie verwirklichen, vollständig in seiner Wirklichkeit aufgeht.

11. Der entscheidende Wesenszug der neuen Wirklichkeitsontologie ist in dieser Hinsicht die Operativität, von der die Schöpfung des Adjektivs *operatorius* durch Ambrosius zeugt und, noch vor dieser, die weitreichende Verbreitung des Begriffs *operatio* (im klassischen Latein äußerst selten, mit nur insgesamt sieben Fundstellen im *Thesaurus*) bei den christlichen Autoren. Das klassische Latein kannte das Adjektiv *operativus*, um die Wirksamkeit eines Arzneimittels zu bezeichnen; die ontologische Bedeutungsebene des Neologismus *operatorius* bei Ambrosius zeigt sich, außer an den beiden oben angeführten Stellen, auch zu Beginn des *Exameron*, wo eine für die Philosophiegeschichte völlig neue These aufgestellt wird: »andere … wie Aristoteles nahmen zwei Prinzipien an, Materie und Form, und in Verbindung damit ein drittes, das Wirkende genannt, dem es obliegt, … zu verwirklichen (*dua principia ponerent, materiem et speciem et tertium com his, quod operatorium dicitur, cui suppeteret … efficere*)« (*Ex.*, 1, 1, 1).

Es ist nicht klar, auf welches aristotelische Konzept Ambrosius sich bezieht, sicher aber ist, dass das *operatorium* hier ein Drittes zwischen Materie und Form, und folglich auch zwischen Potenz und Akt, bezeichnet. In diesem Sinne verwenden sowohl Ambrosius als später auch Augustinus und Isidor den Ausdruck *operatoria virtus* (oder *operatoria potentia*) wiederholt in Bezug auf die göttliche Potenz. Die Gelehrten haben sich die Frage gestellt, welches griechische Äquivalent Ambrosius für seinen Neologismus im Sinn gehabt haben könnte: *energētikon*, wie Albert Blaise vorschlägt, oder, nach Meinung Jean Pépins, *poiētikon* (das, in diesem Sinne verwendet, bei Philon in der Wendung *poiētikē dynamis* vorkommt: Pépin, S. 338 f.). Unabhängig davon zeigen sowohl der Bezug auf Aristoteles wie die Verbindung mit der Potenz, dass es Ambrosius hier um eine ontologische Dimension geht, die weder bloß potential noch einfach aktual ist, sondern vielmehr eine *operatoria virtus*, also eine Potenz, die sich durch ihre eigene Tätigkeit verwirklicht.

Vor diesem Hintergrund muss die Verbreitung des Wortes *operatio* im Wortschatz der Patristik verstanden werden.

Besonders aufschlussreich ist seine Verwendung in der Theologie der Dreifaltigkeit, wo es den Logos als Tätigkeit innerhalb des göttlichen Wesens bezeichnet. »Das Sein«, so schreibt Marius Victorinus (Victorinus, S. 196), »ist der Vater, die Tätigkeit der Logos. … Dieses Sein besitzt im Innern eine ihm innewohnende Tätigkeit [*habet quidem ipsum quod est esse intus insitam operationem*], denn was könnte ohne Bewegung – das ist Tätigkeit – Leben und Intelligenz sein? … Wenn die Tätigkeit zum Vorschein kommt, dann ist sie wirklich Tätigkeit und wird so genannt, und sie wird als Zeugung ihrer selbst gesehen und ist dies auch. So besitzt also diese Tätigkeit selbst auch das Sein [*sic igitur id ipsum quod est operari et ipsum esse habet*], vielmehr, sie besitzt es nicht, sondern diese Tätigkeit ist selbst das Sein, denn beide sind zugleich und einfach [*ipsum enim operari esse est, simul et simplex*].«[1]
In diesem außerordentlichen Abschnitt findet das neue ontologische Paradigma seine vielleicht dichteste Ausführung: Das Sein beinhaltet in sich eine Tätigkeit, ist diese Tätigkeit und unterscheidet sich doch gleichzeitig von ihr, so wie der Sohn sich vom Vater unterscheidet und von ihm doch gleichzeitig ununterscheidbar ist. Nicht das Sein handelt, sondern *ipsum enim operari esse est*, die Tätigkeit ist Sein, und das Sein ist in sich selbst tätig.

א Bedeutsam ist in diesem Zusammenhang, dass der Begriff *operatio* zunehmend technisch verwendet wird

1 Dt. nach Marius Victorinus, Christlicher Platonismus. Die theologischen Schriften des Marius Victorinus, übers. von Pierre Hadot und Ursula Brenke, Artemis, Stuttgart und Zürich 1967, S. 115.

zur Bezeichnung der Operativität der liturgischen Handlung in Abgrenzung zum *opus*, in dem sie sich materialisiert. So kann Ambrosius (*De sacr.*, 1, 15) über die Taufe schreiben: »es besteht ein Unterschied zwischen dem Werk und der Tätigkeit [*aliud opus, aliud operatio*]; das Werk gehört zum Wasser, die Tätigkeit zum Heiligen Geist.« Während die klassische Ontologie ihr Augenmerk mehr auf das Werk als auf das Wirken legte, das es hervorbringt, zeichnet sich die neue Ontologie dadurch aus, dass sie dem Wirken eine höhere Bedeutung zumisst als dem Werk. Parallel dazu konzentriert sich die Bedeutung des Begriffs *operatio* immer mehr auf die Operativität in der Dreifaltigkeitsökonomie. In seinem schon zitierten Brief an Marius Victorinus schreibt der Arianer Candidus, dass »Jesus Christus … nicht durch Zeugung aus Gott ist, sondern durch Wirkung [*neque generatione a deo, sed operatione a deo*]« und »er dem Handeln nach im Vater (ist) und der Vater in ihm [*secundum operationem et in patre est ipse et in ipso pater est*]«.[1] Im gleichen Sinne wird der Sohn bei Candidus als *effectus* und *opus* des Willens des Vaters bestimmt.

Die antiarianische Orthodoxie wird im Gegensatz dazu auf der Ansicht beharren, dass der Sohn mit dem Willen des Vaters zusammenfällt und man von daher nicht sagen kann, er sei von ihm »bewirkt« (*effectum*); ungeachtet dieses Unterschieds zwischen den beiden Lehren ist es dennoch bedeutsam, dass, in beiden Fällen, die zugrundeliegende Ontologie eine energetisch-operative

1 Candidus an Marius Victorinus, in: Ebd., S. 82.

ist, in der sich das göttliche Wesen hypostasiert, sich also im Sohn verwirklicht.

12. Der eigenwilligste Beitrag von Thomas zur Lehre der sakramentalen Wirklichkeit betrifft das Konzept der Ursache. Die aristotelische Tradition unterschied vier Arten von Ursachen: die Zielursache, die Wirkursache, die Formursache und die Materialursache. Diesen fügt Thomas, um die besondere Wirksamkeit der Sakramente zu erklären, eine fünfte hinzu, die letztlich eine genauere Bestimmung der Wirkursache ist und die er »Werkzeugursache« (*causa* oder *agens instrumentale*) nennt.

Das, was die Werkzeugursache ausmacht, ist ihre zweifache Tätigkeit, da sie, ihrer Beschaffenheit gemäß, nur dann tätig wird, wenn sie vom Hauptwirkenden, der sie als Instrument nutzt, bewegt wird. »Das Werkzeug hat zwei Tätigkeiten: die eine ist die werkzeugliche, gemäß der es nicht aus eigener Kraft wirkt, sondern aus der Kraft des Hauptwirkenden [*non in virtute propria, sed in virtute principalis agentis*]; die andere aber ist seine Eigentätigkeit, die ihm aus der eigenen Wesensform heraus zukommt. So kann das Beil spalten kraft seiner Schärfe; als Werkzeug beim Schreinern aber stellt es das Bett her« (*S. th.*, III, qu. 62, art. 1). Die beiden Tätigkeiten, wiewohl voneinander unterschieden, fallen vollständig zusammen: »[Das Beil] kann jedoch seine Arbeit nur leisten durch seine Eigentätigkeit: durch Spalten stellt es letztlich das Bett her [*scindendo enim facit lectum*]« (*ebd.*)

Auf diese Weise bedient sich Gott der Sakramente: »Der Hauptwirkende der Rechtfertigung ist Gott, der aus sich heraus keiner Werkzeuge bedürfte; um aber auf der gleichen

Ebene zu stehen wie der Mensch, der der Rechtfertigung bedarf … bedient er sich der Sakramente als Werkzeuge der Rechtfertigung« (Thomas, IV, S. 32). Werkzeugursache ist sowohl das Sakrament selbst (zu dem auch das Taufwasser gehört, das »aus eigener Kraft den Körper abwäscht, als Werkzeug der göttlichen Kraft auch die Seele reinigt«: *S. th.*, III, qu. 62, Kap. 1) als auch der Priester, der es spendet (*eadem ratio est ministri et sacramenti*: qu. 64, art. 1).

Es mag erstaunen, dass Thomas das Mysterium der liturgischen Handlung mit Rekurs auf ein schlichtes, alltägliches Vorstellungsbild denkt. Dabei ermöglicht ihm eben das Paradigma des Werkzeugs (eines Gegenstands, dessen eigenes Tun immer auch das Tun anderer ist), die Wirkungsweise der Sakramente als »Zeichen, die verwirklichen, was sie bezeichnen«, zu bestimmen. »Die Hauptursache kann nicht eigentlich Zeichen der Wirkung [*signum effectus*] genannt werden, mag diese auch verborgen, sich selbst aber sinnenfällig und offenkundig sein. Die werkzeugliche Ursache dagegen kann, wenn sie offenkundig ist, Zeichen einer verborgenen Wirkung [*signum effectus occulti*] genannt werden, weil sie nicht nur Ursache, sondern, sofern sie von der Hauptursache bewegt wird, auch Wirkung ist. Demnach sind die Sakramente des Neuen Gesetzes zugleich Ursache und Zeichen, und darum ist es richtig, was man gemeinhin sagt: ›Sie verwirklichen, was sie bezeichnen‹ [*efficiunt quod figurant*]« (ebd., qu. 62, art. 1, ad 1.).

Man beachte die paradoxale Beschaffenheit dieser Ursache, die zugleich Wirkung ist und die ausschließlich in ihrer Eigenschaft als Wirkung ihre wichtigste Handlung vollziehen kann (die Rechtfertigung). Die Werkzeugursache ist daher nicht einfach eine genauere Bestimmung der aristotelischen Wirkursache, sondern ein neues Element, das die Trennung von Ursache und Wirkung untergräbt, auf der die aristotelische Vierteilung gründet. Im Bereich einer vollständig wirksamen und wirklichen Ontologie ist die Ursache nur Ursache, insofern sie Wirkung, und die Wirkung nur Wirkung, insofern sie Ursache ist.

13. Die Einsicht, dass der Priester, wenn er die Sakramente spendet, als Werkzeug fungiert, verdeutlicht uns die Rede der Theologen davon, dass der Priester »die Stelle Christi vertritt« (*sacerdotes vicem gerunt Christi*: Durand, I, S. 169), bzw. »als Christus handelt« (*sacerdos novae legis in persona ipsius* [*Christi*] *operatur*: S. th., III, qu. 22, art. 4).
Diese Stellvertretung ist hier keine rechtliche, sondern sozusagen eine wesensmäßige, die die ontologische Beschaffenheit des Priesteramts angeht und es unabhängig macht von den zufälligen Eigenschaften des ausübenden Individuums. »Diener und Werkzeug sind in etwa derselbe Begriff … Das Werkzeug handelt nicht gemäß der eigenen Form, sondern gemäß der Kraft dessen, von dem es bewegt wird. Deshalb ist es für das Werkzeug, sofern es Werkzeug ist, einerlei, welche Form oder Kraft es besitzt, das ausgenommen, was zum Wesen des Werkzeugs gefordert ist. So ist es einerlei, ob der Arzt, dessen Leib Werkzeug seiner heilkundigen Seele ist, dem Leibe nach gesund oder krank ist; wie es auch einerlei ist, ob das Röhrchen, durch welches das Wasser fließt, von Silber oder von Blei ist. Daher können die Diener der Kirche die Sakramente spenden, auch wenn sie unwürdig sind« (ebd., qu. 64, art. 5).
Der Begriff »Stellvertretung« muss hier in einem ganz wörtlichen Sinn verstanden werden: Das priesterliche Tun

hat keine ursprüngliche Stelle, keinen eigenen Ort, sondern ist stets und seinem Wesen nach »Vertretung«, es ist »gemacht« und »gehandelt« und nie Substanz. Derjenige, an dessen »Stelle« die Funktion ausgeübt wird, vertritt wiederum einen anderen, und genau diese konstitutive Stellvertretung macht das Wesen der »Funktion« aus. *Dieses »Fungieren« nun setzt zunächst immer ein Anderes voraus, in dessen Namen die »Funktion« ausgeübt wird; das Sein, um das es dabei geht, ist seinerseits wiederum ein gemachtes und funktionales, das also jedes Mal auf ein Tun verweist, das es bestimmt und verwirklicht.*

Durch das Paradigma der Stellvertretung und der Werkzeugursache wird in die Ethik das später auch im öffentlichen Recht weit verbreitete Prinzip eingeführt, dem zufolge die moralische oder körperliche Beschaffenheit des Handelnden keine Auswirkung auf die Gültigkeit und Wirksamkeit seiner Handlung hat. »Wer zu den Sakramenten hinzutritt, empfängt das Sakrament vom Diener der Kirche, nicht sofern er diese Person, sondern sofern er Diener der Kirche ist [*non in quantum est talis persona, sed in quantum est Ecclesia minister*]« (ebd., art. 6). Die Unterscheidung zwischen *opus operans*, das mitunter unrein sein kann, und *opus operatum*, das *semper est mundum*, hat darin ihre Grundlage. Auf diese Weise aber wird die Handlung abgelöst von der Person, die sie ausübt, und die Person von den ethischen Eigenschaften ihrer Handlung.

14. Wir müssen nun feststellen, dass die These Casels, von der wir ausgegangen waren, zutrifft: das Wort *effectus* bedeutet in der Sprache der Liturgie *Wirklichkeit**, einen herausgehobenen Modus der Realität und der Gegenwart. Dieser Modus der Gegenwart ist gleichwohl ununterscheidbar von seinen Wirkungen und seiner Verwirklichung – er ist, wie wir gesehen haben, Operativität und Praxis. Vor diesem Hintergrund klärt sich nun der Wesenskern des liturgischen Mysteriums: Das Mysterium ist die Wirkung, mysteriös ist die Wirklichkeit, da sich in ihr das Sein in Tun auflöst und das Tun zum Sein verfestigt. *Das Mysterium der Liturgie fällt von daher vollständig mit dem Mysterium der Operativität zusammen.* Im gleichen Sinn wie die Ununterscheidbarkeit von Potenz und Akt, Sein und Tun, um die es hier geht, ist diese Übereinstimmung eine operative, da sich in ihr eine entscheidende Transformation in der Geschichte der Ontologie vollzieht: der Wandel von der *energeia* zur Wirklichkeit.

Auf dieser ontologischen Ebene klärt sich auch der Zusammenhang von *mysterium* und *oikonomia*, der die Dreifaltigkeit ausmacht: Es gibt ein liturgisches Mysterium, weil es eine Ökonomie des göttlichen Wesens gibt. Oder, wie es ein moderner Theologe formuliert, die Liturgie ist nicht eine dritte Ebene des Mysteriums, nach dem Mysterium der innergöttlichen Ökonomie und der historischen Ökonomie: Das liturgische Mysterium ist die unauflösliche Einheit der ersten beiden (Kilmartin, S. 196 f.). Die Feier der Sakramente erinnert jedes Mal aufs Neue an die göttliche Ökonomie und verwirklicht sie. *Es gibt eine* oikonomia *– also eine Operativität – des göttlichen Wesens: Dies allein ist das Mysterium.*

Worum es sowohl im Verständnis der Dreifaltigkeit als Ökonomie als auch in demjenigen der Liturgie als Mysterium letztlich geht, so können wir jetzt formulieren, ist die Herausbildung einer Ontologie des *effectus*, in der Potenz und Akt, Sein und Tun voneinander geschieden und zugleich auf einer Schwelle der Ununterscheidbarkeit miteinander verbunden sind. In welchem Maße diese Ontologie der Wirklichkeit, die Schritt für Schritt die klassische Ontologie ersetzt hat, die Grundlage unseres Verständnisses des Seins bildet – in welchem Maße wir also heute überhaupt noch über eine Erfahrung des Seins jenseits der Operativität verfügen: Mit dieser Frage wird sich jede genealogische Untersuchung über die Moderne auseinandersetzen müssen.

15. Versuchen wir dieses neue ontologische Paradigma in die Begrifflichkeit der klassischen Ontologie zu übertragen. Nirgendwo tritt deren Wandel so deutlich zutage wie bei Boethius, dem Philosophen, der durch seine Tätigkeit als Übersetzer das aristotelische *Organon* in der lateinischsprachigen Welt bekannt gemacht hat. Ihm verdanken wir zum Beispiel die Übersetzung von *ousia* mit *substantia*, die dem Mittelalter das substantialistische Verständnis des Seins als »Unterlage« der Akzidentien vermittelt hat. Schauen wir uns aber den Abschnitt des *Contra Eutychen* an, in dem er die Bedeutung des Begriffs *substantia* zu bestimmen versucht (der in diesem Traktat eher der *hypostasis* entspricht). »Es unterliegt [*substat*] dasjenige«, so schreibt Boethius, »was den anderen Akzidentien ein Subjekt [*subiectum*] unterlegt [*subministrat*], das es ihnen ermöglicht, zu sein [*ut esse valeant*]; es liegt ihnen also zugrunde [*sub illis enim stat*], weil es den Akzidentien unterliegt [*subiectum est accidentibus*]« (Boethius, S. 88).

Nicht nur ist die Substanz hier sehr offensichtlich eine Tätigkeit, die es den Akzidentien erlaubt, zu sein (*minister* und *ministrare* – von denen *subministrare* abgeleitet ist – gehören schon zur Zeit des Boethius zum technischen Vokabular der Liturgie), sondern auch das Sein, das sie durch die Substanz erlangen, ist ein tätiges, das aus dieser Tätigkeit hervorgeht. Im gleichen Sinn schreibt Boethius kurz zuvor, dass »die *subsistentiae* im Universalen sind [*sint*], im Partikulären aber Substanz fassen [*capiant substantiam*]« (ebd., S. 86). Die Substanz ist etwas, das »gefasst« und verwirklicht wird, ihr Sein ist nicht unabhängig von seiner Verwirklichung. De Libera schreibt zu diesem singulären Ausdruck, der in den griechischen Originalen, aus denen Boethius seine Begrifflichkeit ableitet, keine Entsprechung hat, dass »der Begriff *substantia*, wie das Verb *substare*, für Boethius eine Eigenschaft darstellt. *Capere substantiam* bedeutet, die Eigenschaft erlangen, im Verborgenen dafür tätig zu sein, dass eine Sache in die Lage versetzt wird, als Subjekt für Akzidentien zu dienen« (de Libera, S. 185). In Wirklichkeit handelt es sich dabei nicht um eine Eigenschaft, sondern vielmehr um eine Operativität im Inneren des Seins, durch die es sich verwirklicht und im jeweils Seienden wirksam wird, während es in den Universalien bloß ist.

Contra Eutychen ist ein Traktat über die Theologie der Dreifaltigkeit, und die semantische Verwandlung der ersten aristotelischen Kategorie muss in Verbindung mit der Lehre von den drei Hypostasen der einen göttlichen Substanz gelesen werden, die sich in der Kirche seit Athanasios verbreitete. Dörrie hat gezeigt, dass »Hypostasis« bei Athanasios nicht mehr Realität, sondern vielmehr Realisierung bedeutet, bei der eine Essenz auf drei verschiedene Weisen – später würde man stattdessen von Personen sprechen – realisiert, bzw. wirksam wird (Dörrie, S. 60). Und mit dieser operativen Bedeutung des Begriffs »Substanz«, bei der der Akt des Realisierens und Wirksamwerden-Lassens im Vordergrund steht, interpretieren die Theologen den Abschnitt des *Briefs an die Hebräer* (11,1), in dem der Glauben als »Substanz des Erhofften« (*sperandarum substantia rerum, elpizomenōn hypostasis*) definiert wird. »Denn da die Dinge, welche im Glauben bestehen, ohne Substanz sind [*anypostata*]«, schreibt Johannes Chrysostomos, »verleiht ihnen der Glaube Substanz [*hypostasin autois charizetai*]« (nach Dörrie, S. 63); und Haimon von Auxerre schreibt im selben Sinn: *Resurrectio generalis necdum facta est et cum necdum sit in substantia, spes facit eam subsistere in anima nostra* (ebd., S. 60): Das Sein ist nicht, sondern macht und verwirklicht sich, es ist, in jedem Fall, das Ergebnis einer vom Glauben betriebenen Praxis: Gemäß der oben angeführten Formulierung des Marius Victorinus lässt sich behaupten, dass im Glauben eben das Wirken Sein ist. Im christlichen Glauben wird die Ontologie beweglich, das Sein also verwandelt sich in Operativität.

16. Im Paradigma der Operativität kulminiert ein Prozess, der, wenn mitunter auch nur latent, von Beginn an Bestandteil der abendländischen Ontologie war: die Tendenz, das Sein im Tun aufzulösen oder zumindest verschwimmen zu lassen. In diesem Sinne ist die Unterscheidung von Potenz und Akt bei Aristoteles zweifelsohne ontologisch (*dynamis* und *energeia* sind »zwei Weisen, vom Seienden zu sprechen«): Doch indem sie einen Spalt in das Sein treibt und dann das Primat der *energeia* über die *dynamis* behauptet, enthält sie schon implizit selbst eine Ausrichtung des Seins auf die Operativität. Diese Unterscheidung bildet den Kern der Ontologie der Wirklichkeit, deren Terminologie, wie wir gesehen haben, durch eine Übersetzung des Begriffs *energeia* Form gewinnt. Das Sein ist etwas, das realisiert und ins Werk gesetzt werden muss: Diesen Wesenszug werden der Neoplatonismus und die christliche Theologie ausgehend von Aristoteles, aber nicht in seinem Sinne herausarbeiten.

Die Theorie der Hypostasen bei Plotin (die, durch Marius Victorinus, einen entscheidenden Einfluss auf die Lehre der Dreifaltigkeit bei Augustinus ausüben wird) markiert den Ausgangspunkt des Verwandlungsprozesses von der klassischen zur christlichen und zur modernen Ontologie. Eine entscheidende Rolle spielt dabei der Begriff *hypostasis* selbst. Dörrie hat, wie wir gesehen haben, gezeigt, dass dieser Begriff, der noch in den Abhandlungen der Hippokratiker »Sediment, Ablagerung« meint, schon im Neuplatonismus und dann bei den christlichen Autoren eine aktive Bedeutung annimmt und die Realisierung eines transzendenten Prinzips bezeichnet: Er bedeutet also Realisierung* und nicht Realität*. Je transzendenter der Eine wird, desto mehr ist er darauf angewiesen, sich in den drei Hypostasen, die das logische Modell der christlichen Dreifaltigkeit ausmachen werden (Picavet, *passim*), zu realisieren. Dies aber bedeutet, dass die Ontologie im Grunde als Verwirklichung, bzw. als hypostatischer Prozess des Ins-Werk-Setzens angelegt ist, in dem die Kategorien der klassischen Ontologie (Sein und Praxis, Potenz und Akt) sich ineinander aufzulösen beginnen und das Konzept des

Willens, wie wir sehen werden, eine zentrale Rolle einnimmt.

Der Agent dieser Auflösung ist bei Plotin der Begriff *hoion* (»gleichermaßen, sogenannt«), dessen strategische Bedeutung in dem Abschnitt der *Enneaden* deutlich wird, in dem der Wille, die Dualität von Sein und Tun, Potenz und Akt zu überkommen, einhergeht mit der Unmöglichkeit, sie aufzugeben. Plotin schreibt in *Enn.* 6, 8, 7[1] über den Einen: »Seine sogenannte [*hoion*] Hypostase und seine sogenannte *energeia* sind voneinander nicht verschieden (sie sind es nicht einmal im Geiste); so ist weder seine *energeia* durch sein Sein bestimmt [*kata*], noch sein Sein durch die *energeia*. Es eignet ihm also kein seiner Naturbeschaffenheit entsprechendes Sein im Akt [*energein*]. Weder die *energeia* noch das sogenannte Leben lassen sich hier auf die sogenannte [*hoion*] Substanz zurückführen; die sogenannte [*hoion*] Substanz ist seit jeher mit der *energeia* verbunden, erschafft sich gleichermaßen gemeinsam mit ihr und bringt sich selbst von beiden ausgehend hervor, aus sich selbst und nichts anderem.«

Der technische Gebrauch von *hoion* (Plotin selbst schreibt in ebd., 6, 8, 13 umstandslos: »man möge bei jedem Einzelfalle ein *hoion* hinzusetzen«) und die abschließende Vorstellung einer *synousia* und einer gemeinsamen Hervorbringung von Substanz und *energeia* zeigen, dass im Neuplatonismus Tendenzen am Werk sind, die zu einer Auflösung der Kategorien der klassischen Ontologie und, im Kontext des Christentums, zur Formulierung des Paradigmas der Wirklichkeit führen werden.

1 Nach chronologischer Reihenfolge 39, 8, 7.

17. In *Die Metaphysik als Geschichte des Seins*, einem Seminar aus dem Jahr 1941, das später im zweiten Band von *Nietzsche* (1961) veröffentlicht wurde, widmet Heidegger einen wichtigen Abschnitt dem »Wandel der *energeia* zur *actualitas*«. »Das *ergon*«, so schreibt er, wird »zum *opus* des *operari*, zum *factum* des *facere*, zum *actus* des *agere*. … Das Wesen des ›Werkes‹ ist nicht mehr die ›Werkheit‹ im Sinne des ausgezeichneten Anwesens in das Freie, sondern die ›Wirklichkeit‹ eines Wirklichen, das im Wirken beherrscht und in das Vorgehen des Wirkens eingespannt wird. Das Sein ist, aus dem beginnlichen Wesen der *energeia* fortgegangen, zur *actualitas* geworden« (Heidegger 1, II, S. 412). Heidegger erkennt die römische Prägung dieser Verwandlung (aus Sicht der Geschichtsschreibung »hat sich damit ein Übergang aus der griechischen in die römische Begriffssprache vollzogen«) und weist auf den entscheidenden Einfluss hin, den die »römische Kirche« (ebd.) dabei ausgeübt hat. Das ontologische Paradigma, an dem sich diese Transformation der Ontologie ausrichtet, ist aber, so schreibt Heidegger, der »biblisch-christliche Schöpfungsglauben«: »Das in die *actualitas* gewandelte Sein gibt dem Seienden im Ganzen jenen Grundzug, dessen sich das Vorstellen des biblisch-christlichen Schöpfungsglaubens bemächtigen kann, um sich die metaphysische Rechtfertigung zu sichern« (ebd., S. 414).
Die vorangegangenen Untersuchungen haben gezeigt, dass das für die Herausbildung einer Ontologie der Operativität entscheidende theologische Paradigma nicht die Schöpfung ist, sondern die sakramentale Liturgie mit ihren Vorstellungen von *effectus* und *opus operatum*. In diesem Sinne ergänzen die hier angestellten Studien ein fehlendes

Kapitel in der Geschichte der Verwandlung der *energeia* zur *actualitas* und verstehen sich – wie die Heideggers, die sie ergänzen – als seinsgeschichtlich angelegter Beitrag zur »Destruktion« der Ontologie der Moderne.

Dass Heidegger bei seiner Rekonstruktion der Seinsgeschichte das Paradigma der Schöpfung in den Mittelpunkt stellt, hat zur Folge, dass er das wichtigste Merkmal der modernen Metaphysik als ein Wirken im Sinne des Verursachens und Herstellens definiert. Das *ergon*, das die Beständigkeit des Seins in der Anwesenheit eines Gegenstands bezeichnete, wird nun zum Produkt eines Verursachens und Hervorbringens. »Wenn das Sein sich zur *actualitas* gewandelt hat, ist das Seiende das Wirkliche, ist es bestimmt durch das Wirken im Sinne des verursachenden Machens … *Esse* im Unterschied zu *essentia* ist *esse actu*. Die *actualitas* aber ist *causalitas*. Der Ursachecharakter des Seins als Wirklichkeit zeigt sich in aller Reinheit an jenem Seienden, das im höchsten Sinne das Wesen des Seins erfüllt, da es das Seiende ist, das nie nicht sein kann. ›Theologisch‹ gedacht, heißt dieses Seiende ›Gott‹ … Das höchste Seiende ist reine, stets erfüllte Verwirklichung, *actus purus*« (ebd., S. 414 f.).

Gegenüber Gott besteht die menschliche Welt als von der Schöpfung verursachtes Wirksames: »Das Wirkliche ist das Existierende. Dieses umfasst alles, was durch irgendeine Weise der Verursachung *constituitur extra causas*. Weil aber das Ganze des Seienden das Gewirkte-Wirkende eines ersten Wirkers ist, kommt in das Ganze des Seienden ein eigenes Gefüge, das sich als Entsprechung des jeweilig Gewirkten zum Wirker als dem höchsten Seienden bestimmt« (ebd., S. 419). Und dieses Verständnis des Seins als

Wirklichkeit ermöglicht, Heidegger zufolge, die Verwandlung der Wahrheit zur Gewissheit, mit der der Mensch, dem der Glaube an Gott die Gewissheit seiner Erlösung verliehen hat, vermittels der Technik seine bedingungslose Herrschaft über die Welt herstellen kann.

Man kann sich fragen, in welchem Maß diese Rekonstruktion des entscheidenden Einflusses der christlichen Theologie auf die Seinsgeschichte dem Privileg geschuldet ist, das sie dem Paradigma der Schöpfung einräumt. Kraft dieser Vorstellung konnte Heidegger das Wesen der Technik als Herstellung und Anordnung und das Gestell* als Sicherstellung des Wirklichen im Modus der Vorhandenheit denken. Aber genau deshalb konnte er, was heute völlig klar ist, nicht sehen, dass nämlich die Metaphysik der Technik in ihrem Kern nicht verstehen kann, wer sie nur im Modus der Herstellung versteht. Sie ist in gleichem Maße, ja vorwiegend, Regierung und *oikonomia*, die letzten Endes auch die kausale Herstellung provisorisch außer Kraft setzen kann, zugunsten raffinierterer und diffuserer Formen der Verwaltung von Menschen und Dingen. Und genau diese besondere Praxis haben wir durch unsere Analyse der Liturgie näher zu bestimmen versucht.

א In seiner Rekonstruktion des Übergangs der *energeia* zur *actualitas* verwendet Heidegger nie diejenigen Begriffe, die wir als erste lateinische Übersetzungen von *energeia* ausgemacht haben, nämlich *effectus*, bzw. *operatio*, und beschränkt sich stattdessen auf das Wort *actualitas*, das erst spät in der Scholastik auftaucht. Möglicherweise sind die Gründe dafür in seinem Denken angelegt, dessen Ontologie dem Paradigma der

Operativität, das er zu kritisieren beabsichtigt, näher steht, als man vermutet. Das Sein des Daseins*, dessen Wesen in der Existenz liegt und das, weil es je sein Geworfensein in die Faktizität annehmen muss, zum Sein seine eigene Weise zu sein hat, ist, wenn auch auf besondere Weise, unbestreitbar wirksam. Da »es ihm in seinem Sein um dieses Sein selbst geht«,[1] ist das Dasein* nicht, sondern hat sein Sein zu sein, muss es also verwirklichen und wirksam machen. Daher kann sich das Dasein* bei Heidegger zugleich als Gegebenes und als Aufgabe darstellen, als etwas also, das im Modus seiner eigenen ständigen Verwirklichung existiert.

Es ist in dieser Hinsicht aufschlussreich, dass ein vergleichbares operatives Paradigma auch die Grundlage von Heideggers Interpretation des Kunstwerks bildet (die sich folgerichtig als Ontologie und nicht als Ästhetik versteht). Die berühmte Bestimmung des Kunstwerks als »das Ins-Werk-Setzen der Wahrheit« (Heidegger 2, S. 64) setzt in letzter Instanz eine operative Ontologie voraus. In der *Einführung in die Metaphysik* (1935) ist das Kunstwerk dasjenige, was »das Sein in einem Seienden er-wirkt«, und »Er-wirken heißt hier ins Werk bringen« (Heidegger 3, S. 122). Das Sein ist etwas, das »ins Werk gesetzt« werden muss, und Kunst und Philosophie sind die Agentinnen dieser Operation.

Im *Zusatz*, mit dem er 1956 den *Ursprung des Kunstwerks* ergänzte, kann Heidegger, der in diesem Aufsatz den Begriff Gestell* verwendet (»Was hier Gestalt heißt, ist stets aus jenem Stellen und *Ge-stell* zu denken, als

1 Heidegger, Sein und Zeit, loc. cit., S. 42.

welches das Werk west, insofern es sich auf- und herstellt«: Heidegger, 2, S. 50), daher bezeichnenderweise vorbehaltlos die Zusammengehörigkeit des Gestells*, das im Kunstwerk verortet ist, mit dem Gestell* als Begriff für die technische Herstellung behaupten (*ebd.* S. 67 f.). Kurz zuvor geht er auf die Zweideutigkeit ein, die im Ausdruck In-das-Werk-Setzen angelegt ist, das ebenso bedeuten kann, dass das Sein sich von selbst ins Werk setzt, wie dass es dazu des menschlichen Eingriffs bedarf. In der Heidegger'schen Ontologie stehen Dasein* und Sein* in einem Verhältnis gegenseitiger Verwirklichung, innerhalb dessen, ähnlich wie beim Paradigma der liturgischen Operativität, das Dasein das Sein im gleichen Maße ins Werk setzt, wie das Sein das Dasein verwirklicht. Das Verhältnis von Dasein* und Sein* ist in jedem Fall der Liturgie ähnlich, eine zugleich ontologische und politische Dienstleistung.

Schwelle

Versuchen wir, die Eigenschaften, die die Ontologie des liturgischen Mysteriums ausmachen, in Thesen zusammenzufassen.

1) In der Liturgie geht es um ein neues ontologisch-praktisches Paradigma, die Wirklichkeit, in der Sein und Tun in einen Zustand der Ununterscheidbarkeit eintreten. Wie Platon, in den Worten Foucaults, den Politiker nicht lehrte, was er tun, sondern was er sein musste, um sich die Möglichkeit des guten Handelns zu eröffnen, so geht es jetzt darum aufzuzeigen, wie man handeln muss, um sein zu können – oder, genauer, einen Punkt der Unbestimmbarkeit zu erreichen, an dem der Priester das ist, was er tun muss, und das tun muss, was er ist. Die Unterordnung des Tuns unter das Sein, das die klassische Philosophie ausgemacht hatte, verliert so ihre Bedeutung.

2) Während das Sein und die Substanz unabhängig von den Wirkungen sind, die sie hervorbringen können, ist das Sein in der Wirklichkeit ununterscheidbar von seinen Wirkungen, besteht aus ihnen (*esse in effectu*) und »dient« ihnen.

3) Die wesentliche Eigenschaft der Wirklichkeit ist die Operativität. Mit diesem Begriff benennen wir den Umstand, dass das Sein nicht einfach ist, sondern sich »ins Werk setzt«, sich selbst bewirkt und verwirklicht. Folglich bezeichnet die *energeia* nicht mehr das Im-Werk-Sein als Verweilen in der Anwesenheit, sondern eine »Operativität«, in der die Unterscheidungen von Potenz und Akt,

Wirken und Werk verschwinden und ihren Sinn verlieren. Die *operatio* selbst ist das *opus*, und operativ ist die göttliche Kraft (*operatoria virtus Dei*), die sich – in ihrer Virtualität – ins Werk setzt und realisiert. Die Operativität ist, in diesem Sinne verstanden, eine reale Virtualität oder eine virtuelle Realität.

4) So gesehen, bestehen Ursache und Wirkung fort, verschwimmen aber zugleich ineinander: Einerseits handelt der Handelnde nur insofern er selbst Wirkung ist (insofern er, als Werkzeug, vom Haupthandelnden bewegt wird); andererseits löst sich die Wirkung von ihrer Ursache (die für sie nur Werkzeugursache, nicht aber Ziel- oder Wirkursache ist).

5) Folgerichtigerweise ist die sakramentale Handlung in zwei geteilt: eine manifeste Handlung (*opus operans* oder *operantis*), die zu handeln scheint, die aber in Wirklichkeit bloß das Werkzeug bzw. die Vertreterin eines verborgenen Agenten ist, von dem die Wirksamkeit der Handlung abhängt. Aber nur aufgrund dieser Trennung der Handlung (nur mehr noch Wirkursache) von ihrer Wirksamkeit kann die sakramentale Handlung zuverlässig stets ihre Wirklichkeit *ex opere operato* erlangen.

III. Genealogie des Amts

1. In der Geschichte der Kirche benennt allerdings nicht der Begriff der »Liturgie« (der im Lateinischen erst im 17. Jahrhundert erscheint und sich als allgemeiner Terminus technicus erst im 20. Jahrhundert durchsetzt), sondern der des *officium* die wirksame Praxis, deren Eigenschaften wir zu bestimmen suchen.

Gewiss, im Laufe der Jahrhunderte schickten sich mehrere Begriffe an, als Übersetzung des griechischen *leitourgia* zu dienen bzw., allgemeiner gesagt, die von ihm bezeichnete Funktion zu benennen; zuvörderst der Begriff, der im römischen Reich für die politische Liturgie stand: *munus*. Da *munus* im politisch-juridischen Wortschatz Roms vollständig *leitourgia* entsprach, finden wir in den weltlichen Quellen gleichermaßen *munera decurionum, curialium, gladiatorium, annonarium, militiae*, usw., und, wie bei der *leitourgia*, eine Differenzierung in *munera personalia, munera patrimonii et munera mixta*. Es überrascht daher nicht, dass der Begriff frühzeitig in das Vokabular der Kirche Eingang fand, wo er sowohl allgemein den göttlichen Dienst des Priesters wie das Opfer Christi selbst bezeichnete. Noch bei Ambrosius, der doch wichtige Anstöße für den Gebrauch des Begriffs *officium* gab, finden sich Belege für diese beiden Bedeutungen. So berichtet er in einem Brief davon, dass sich, während er in der neuen Basilika die Messe feierte, ein Teil der Gläubigen entfernte, als bekannt wurde, dass Beamte des Reichs in einer anderen Basilika eingetroffen waren: *Ego tamen mansi in munere, missam facere coepi* (*Ep.*, 20, *PL*, XVI, c. 995), wobei *munus* zweifelsohne die Funktion bezeichnet, die er gerade ausübte. In einem anderen Brief dagegen ist es der Tod Christi selbst, der bezeichnenderweise als *publicum munus* bezeichnet wird: *qui cognoverant per filii mundi redemptionem aula regalis, etiam sua morte putaverat aliquid publico additeram muneri* (*Ep.*, 63, *PL*, XVI, c. 1218). Wie im *Brief an die Hebräer* erscheint das Opfer Christi hier als eine öffentliche Dienstleistung, eine zur Errettung der Menschheit vollbrachte Liturgie.

Der lateinische Begriff aber, der anfangs am geeignetsten erschien, die Funktion der Liturgie zu bezeichnen, war *ministerium*. Mit diesem Begriff (sowie mit *minister* und *ministrare*) übersetzt Hieronymus in der *Vulgata* nicht nur die *leitourgia* aus dem *Brief an die Hebräer* und dem *Corpus paulinum*, sondern auch *diakonia* (zum Beispiel in *Eph.*, 4,12; 2 *Kor.*, 6, ; *Rm.*, 11,13). Dass die Wurzeln dieser Verwendung weit zurückreichen, zeigt eine lateinische Übertragung des Briefes von Clemens an die Korinther, den die Forscher auf das zweite Jahrhundert datieren (Clemens, *passim*). Hier finden wir zur Wiedergabe der fraglichen Wortgruppe in den Abschnitten, die wir oben zitiert haben, *ministerium* (9, 4; 41, 1; 40, 2–5; 44, 2–3), *ministrationem* (20, 10), *minister* (8,1; 41 2), *ministrare* (9, 2; aber in drei Fällen – 32, 2; 34, 5 und 6 – wird *leiturgeō* mit *servire* und *deservire* übersetzt). Ambrosius benutzt bisweilen *ministerium* gleichbedeutend mit *officium* (*remittuntur peccata … per officium sacerdotis sacrumque ministerium*: *Cain et Abel*, 2, 4, 15; so auch bei Cyprian: *officii ac ministeri sui oblitus*: *Ep.*, 3, 1), und in den pseudoklementinischen *Recognitiones* finden wir zur Bezeichnung der Aufgaben

des Bischofs neben *ministerium* auch *officium* (*episcopatus officium*: 3, 66, 4; so auch in *Ep. ad Jac.*, 4, 4; im Vorwort von Rufinus *apostolatus officium*).
In diesem Kontext ist die – zunächst willkürlich erscheinende – Entscheidung des Ambrosius angesiedelt, für sein Buch über die Pflichten und Tugenden der Kleriker den Titel *De officiis ministrorum* zu wählen; dies wurde zum Ausgangspunkt einer Reihe von Schriften, die von Isidors *De ecclesiasticis officiis* bis zum *Liber officialis* des Amalarius von Metz, von Jean Beleths *Summa de ecclesiasticis officiis* und Sicard von Cremonas *Mitrale* bis hin zum monumentalen *Rationale divinorum officiorum* Guillaume Durands reichte und dazu führte, dass sich der Begriff *officium* als generelle Bezeichnung für die liturgische Praxis der Kirche durchsetzte.

2. Eine Archäologie des Begriffs *officium* nimmt dort ihren Ausgang, wo sich Cicero, als Teil seiner wiederholten Versuche, einen philosophischen Wortschatz im Lateinischen zu entwickeln, für den Begriff *officium* als Übersetzung für die stoische Vorstellung des *kathēkon* entscheidet und unter dem Titel *De officiis* ein Buch veröffentlicht, das, zu Recht oder zu Unrecht, einen langanhaltenden Einfluss auf die abendländische Ethik entfalten sollte. Die Einschränkung »zu Recht oder zu Unrecht« erklärt sich daraus, dass weder der griechische Begriff noch sein von Cicero vorgeschlagenes lateinisches Äquivalent etwas mit dem zu tun haben, was wir heute für gewöhnlich als Moral bezeichnen, also die Lehre von Gut und Böse. »Man darf die Pflicht [officium] nicht zum Guten und nicht zum Schlechten rechnen«, erklärt Cicero vorbehaltlos in dem

Werk, in dem er sich dem höchsten Gut widmet (*De fin.*, 3, 17, 58). Das *De officiis* ist weder eine Abhandlung über das Gute oder die Pflicht in absolutum, noch über rechtliche Ge- oder Verbote, sondern, wie gesagt wurde, eine Schrift über das *devoir de situation* (Goldschmidt, S. 155), über das, was in einer bestimmten Situation ein angemessenes Verhalten darstellt, besonders vor dem Hintergrund der sozialen Stellung des Handelnden.

Da die theoretische Zielsetzung der Abhandlung untrennbar mit einer Strategie der Übersetzung vom Griechischen ins Lateinische verbunden ist (*semper cum graecis latina coniunxi ... ut par sis in utriusque orationis facultate*: *De off.*, 1, 1), müssen wir deren Umstände genauer bestimmen, um die Gehalte und Ergebnisse besser verstehen zu können.

Diogenes Laertius zufolge war es Zenon, der den Begriff *kathēkon* (der umgangssprachlich »das angemessene, passende« bedeutet) in den Wortschatz der Philosophie einführte und es als dasjenige definierte, »*was, wenn man es handelnd vollzogen hat, sich mit guten Gründen rechtfertigen lässt* [eulogon ... apologismon], *wie das Naturgemäße im Leben, das sich auch auf Pflanzen und Tiere bezieht; denn auch bei ihnen lassen sich* kathēkonta *erkennen*« (7, 107 = Arnim, I, 230).[1] Vom *kathēkon* unterschieden die Stoiker die *kathorthōma*, die rechtschaffen (also dem Guten gemäß) ausgeführte Handlung. Im Unterschied zu dieser, die eine tugendgemäße Handlung (*kat'aretēn energēmata*) darstellt, unabhängig von den jeweiligen Umständen immer

1 Dt. nach Diogenes Laertius, Leben und Meinungen berühmter Philosophen, übers. von Otto Apelt, Hamburg 1967, Bd. 2, S. 57.

gut und immer angemessen (*aei kathēkei*) ist und daher *teleion kathēkon*, das vollkommen Angemessene, genannt wird, werden die einfachen *kathēkonta*, deren Angemessenheit von den jeweiligen Umständen abhängt, als »in der Mitte stehende« (*mesa*) bezeichnet. »Das Angemessene ist es teils immer, teils zeitweise. Immer angemessen ist es tugendgemäß zu leben, zeitweilig, zu fragen und zu antworten und spazierenzugehen« (ebd., 7, 109 = Arnim, III, S. 496).

Dieses mittlere Angemessene wird daher zwischen den rechtschaffenen und den verfehlten Handlungen eingeordnet: »Unter den Handlungen gibt es rechtschaffene [*kathorthōmata*] und falsche [*hamartēmata*] sowie solche, die weder zum einen noch zum anderen gehören. Zu den rechtschaffenen Handlungen zählen: Einsicht haben, maßvoll sein, richtig handeln, gerecht sein, sich erfreuen, Vorteil nehmen, umsichtig leben. Zu den falschen gehören: uneinsichtig handeln, ausschweifend leben, jemandem Unrecht tun, betrübt sein, stehlen und, allgemein gesagt, Dinge tun, die der rechtschaffenen Vernunft widersprechen. Weder rechtschaffen noch falsch sind: sprechen, fragen, antworten, spazierengehen, auswandern und ähnliche« (Stobaeus, 2, 96, 18 = Arnim, III, p. 501).

Der Unterschied zwischen *kathēkon* und *kathorthōma* wird in einem Abschnitt der *Paradoxa stoicorum* von Cicero deutlich. Als Beispiel dient der Fall eines *gubernator*, der fahrlässig sein Schiff kentern lässt. Aus der Perspektive des an sich Guten bzw. Rechtschaffenen (*kathorthōma*) ist die Schuld des Kapitäns, die sich an der Kunst der Schifffahrt bemisst, unabhängig davon, ob das Schiff Gold oder Stroh geladen hatte; aus der Perspektive des *kathēkon* dagegen sind die Umstände von entscheidender Bedeutung und die Schuld größer, wenn das Schiff Gold geladen hatte. *Ergo in gubernatione* – schreibt Cicero, der das Beispiel in *De fin.* (4, 76) wiederaufnimmt – *nihil, in officio plurimo interest quo in genere peccetur. Et si in ipsa gubernatione neglegentia est navis eversa, maius est peccatum in auro quam in palea.* Die Schifffahrt an sich ist kein *officium*, sondern ein Tun, das sich an den Regeln der Kunst messen lassen muss und entsprechend falsch oder richtig, gut oder schlecht sein kann; vom Standpunkt des *officium* hingegen wird das Tun entsprechend seinen objektiven und subjektiven Umständen bewertet. Es ist daher umso erstaunlicher, dass sich dasjenige Buch, das den Begriff der Pflicht in die abendländische Ethik einführen sollte, gar nicht der Lehre von Gut und Böse widmet, sondern den so variablen Faktoren, die das Tun eines Subjekts »in bestimmten Umständen« bestimmen.

3. In diesem Kontext steht Ciceros Entscheidung, den griechischen Begriff *kathēkon* mit dem Lateinischen *officium* wiederzugeben. Die Gewissheit, mit der Cicero seine Übersetzung vorbringt (*quod de inscritione quaeris, non dubito quin* kathēkon *officium sit*: *Ad At.*, 16, 11, 4), täuscht darüber hinweg, dass sie keineswegs die einzige Möglichkeit darstellte, wovon die Zweifel des Attikus (*sic enim Graece loquebatur* – sagt Cicero über ihn – *ut Athenis natus videretur*), eines hervorragenden Kenners der griechischen Sprache, zeugen (*id autem quid dubitas quin etiam in rem publicam caderet? Nonne dicimus consulum officium, senatus officium, imperatori officium? Praeclare convenit; aut da melius*; ebd., 16, 14, 3).

Die Gelehrten haben in ihren Studien über *De officiis* ihr Augenmerk in erster Linie auf die griechischen Quellen gelegt – im besonderen auf Panaitios' Abhandlung *Peri tou kathēkontos* – und auf das Verhältnis zwischen dem Text und den politischen Geschehnissen seiner Zeit, in der Ciceros Vorstellung der *res publica*, die dem aristokratischen Modell im Geiste Scipios verpflichtet war, in eine tiefe Krise geraten war. Uns dagegen interessiert hier vor allem die strategische Motivation, die Ciceros Entscheidung für den Begriff *officium* innewohnt.

Während *officium* in jüngerer Vergangenheit etymologisch von einem hypothetischen **opificium* hergeleitet wird, der »Tatsache, ein Werk zu schaffen«, oder »der Arbeit, die ein *opifex* (Handwerker) in seiner *officina* verrichtet« (Hellegouarc'h, S. 152 f.), führten es die Lateiner bemerkenswerterweise auf das Verb *efficere* zurück (Donatus, *Ad Ter. Andr.*, 236, 7: *officium dicitur ab efficiendo, ab eo quo quaeritur in eo, quid efficere unumquemque conveniat condicione personae*). Entscheidend war für sie also der Sinn einer »wirksamen Handlung, die im Einklang mit dem jeweiligen gesellschaftlichen Stand vollzogen wurde oder werden sollte«.

Der Anwendungsbereich des Begriffs war dennoch so groß, dass Cicero am Beginn seiner Abhandlung schreiben konnte: *nulla enim vitae pars neque publici neque privatis neque forensibus neque domesticis in rebus neque si tecum agas quid, neque si cum aterum contrahas vacare officio potest* (*De off.*, 1, 4). In diesem Sinne erwähnt Plautus, neben einem *officium scribae* und einem *puerile officium*, auch ein *officium* der Prostituierten, das im Gegensatz zu dem der Matronen steht (*non matronarum officium est sed meretricium*: *Cas.*, 585), und in einem abwertenden Sinne ein *improbi viri officium* (das »Amt beziehungsweise die Pflicht des Gauners«, wie andernorts auch die Rede ist von einem *calumniatoris officium*: *Rhet. Her.*, 2, 10, 14). In allen diesen Beispielen deutet der Genitivus subjectivus auf ein Verhalten hin, das man in einer bestimmten Situation von einer Person erwartet, ein Verhalten, das in einigen Fällen (wie im Verhältnis des *patronus* zum Freigelassenen oder zum Klienten) zu einer vollumfänglichen Verpflichtung wird (so wenn sich bei Terenz *tu tuum officium facies* auf die Verpflichtung des Patrons bezieht, seinen Klienten zu schützen und zu unterstützen).

Das besondere Wesen des *officium* erscheint aber mit größerer Klarheit da, wo es sich nicht um eine Schuldigkeit oder Verpflichtung im engeren Sinne des Wortes handelt. Dies ist bei der *observantia* oder der *adsectatio* der Fall, die in der stark von Ritualen geprägten Gesellschaft Roms das Verhalten des Klienten bezeichnet, der seinem Patron die gebotene Ehre erweisen will, besonders wenn es sich bei diesem, wie dies oft der Fall war, um eine einflussreiche Person des öffentlichen Lebens handelte. Wir wissen, dass die *adsectatio* drei Ausdrucksformen hatte (Hellegouarc'h, S. 160 f.).

1) Die *salutatio*, die nicht unserem Gruß entspricht, sondern den Besuch des Klienten im Hause seines Herrn zur Ehrbezeugung bezeichnet. Nicht alle *salutatores* wurden zum Patron vorgelassen, einige wurden nur im Atrium empfangen, um dort die *sportula* entgegenzunehmen, wenn der *nomenclator* ihren Namen rief. Hinsichtlich der *salutatio* klärt uns eine Quelle darüber auf, dass es sich zwar um die niedrigste Stufe des *officium* (*officium minimum*) handelte,

sie aber dennoch so ausgeführt (*effici*) werden konnte, dass sie dem Patron großen Gefallen bereitete.

2) Die *deductio*, die die Begleitung des Patrons auf dem Weg von seinem Haus zum Forum bezeichnete (und gegebenenfalls, wenn man besonders untertänig sein wollte, auch auf dem Rückweg nach Hause). Es handelte sich dabei um ein wichtiges *officium*, denn das Prestige des Patrons hing auch von der Zahl seiner Begleiter ab (*Pet.*, 36: *deductorum officium maius est quam salutatorum*).

3) Schließlich die *adsectatio* in einem weiteren Verstand, die die *salutatio* und die *deductio* mit einschloss, sich aber nicht wie diese auf bestimmte Anlässe beschränkte, sondern darin bestand, dem Patron eine Art permanenten Hofstaat zu schaffen.

Es konnte offensichtlich nicht ein für alle Mal entschieden werden, was bei diesen Gelegenheiten *officiosor* (also dem *officium* entsprechender) war, dazu mussten die verschiedensten Umstände und Nuancen berücksichtigt werden, die der *officiosus vir* im Blick behalten musste.

Besonders aufschlussreich ist in diesem Sinn der obszöne Gebrauch des Wortes, den wir zum Beispiel bei Ovid oder Properz antreffen (*officium faciat nulla puella mihi*: Ovid, *Ars*, 2, 687; *sapest experta puella officum tota nocte valere meum*: Properz, 2, 22, 24) sowie gewohnt geistreich bei Petronius (»er richtete den Blick auf mein Geschlecht, berührte es mit einer pflichtgemäßen Handbewegung und sagte ›salve!‹«, *ad inguina mea luminibus deflexis movit officiosam manum et ›salve‹ inquit: Sat.*, 105, 9). Auch wenn es sich bei dieser Verwendung des Wortes, das, wie Cicero zu betonen nicht müde wird, der Sphäre des *honestum*, des *decorum* und der Freundschaft zugehört, sicher um eine bewusste Umkehrung des Sinns handelt, so kann doch der Gebrauch in einem obszönen Zusammenhang einen Hinweis auf die eigentliche Bedeutung des Begriffs geben. Seneca der Ältere berichtet von der unbewussten *gaffe* des Redners Quinto Aterio, der zur Verteidigung eines Freigelassenen, dem ein sexuelles Verhältnis mit seinem Patron vorgehalten wird, freimütig erklärte, dass *impudicitia in ingenuo crimen est, in servo necessitas, in liberto officium*: »Unzucht ist für den Freien ein Vergehen, für den Sklaven eine Notwendigkeit und für den Freigelassenen eine Pflicht« (Platter, S. 219).

Das *officium* ist weder eine rechtliche bzw. moralische Verpflichtung noch schlicht eine natürliche Notwendigkeit: Es ist das Verhalten, das man von Personen erwartet, die in einem gesellschaftlich kodifizierten Verhältnis zueinander stehen, deren Beziehung aber so lose und unbestimmt ist, dass sie sogar – und sei es nur, um sich darüber lustig zu machen – auf Handlungen bezogen werden kann, die gemeinhin für unanständig gehalten wurden. Es geht also, um die Worte des Zenon wieder aufzugreifen, um etwas »Angemessenes«, etwas, »das sich mit guten Gründen rechtfertigen lässt«: Das *officium* verhilft dem bzw. der Einzelnen dazu, sich entsprechend zu verhalten; als Prostituierte, wenn sie eine Prostituierte ist, als Gauner, wenn er ein Gauner ist, aber auch als Konsul, wenn er Konsul ist, und später als Bischof, wenn er ein Bischof ist.

4. Obgleich sich ab dem 17. Jahrhundert die Übersetzung von *officium* mit »Pflicht« durchsetzte, fehlt dem lateinischen Begriff die starke Bedeutung von (rechtlicher oder moralischer) Verpflichtung, die ihm in der Moderne zukommen sollte. Gewiss, als Seneca Hekatons Frage beantwortet, ob ein Sklave seinem Herrn eine Wohltat erweisen könne, und dabei auf die Einteilung in *beneficium*, *officium* und *ministerium* zu sprechen kommt, definiert er das *officium* als die Notwendigkeit, die eine Frau oder eine Tochter daran bindet, für ihren Mann bzw. ihren Vater gewisse Dinge zu tun (*officium esse filii, uxoris, earum personarum quas necessitudo suscitat et ferre opem inubet*: *De benef.*, 3, 18, 1), bei den Verpflichtungen des Sklaven gegenüber seinem Herrn dagegen spricht er eher von *ministerium*. Und wenngleich das *officium* gegenüber den Verwandten in diesem Sinne die Beschaffenheit einer *necessitudo* hat, so beweist doch ein Passus aus den *Digesten* sehr deutlich, dass die Notwendigkeit des *officium*, selbst wenn sie in gewisser Hinsicht rechtlicher Natur ist, dennoch formell von vertraglichen Verpflichtungen unterschieden wurde. »Wie es aber mehr Sache des freien Willens und des *officium* als Sache der Notwendigkeit [*necessitas*] ist, zu verleihen, so ist es auch Sache desjenigen, der die Gefälligkeit erweist, die Art und Weise des Gebrauchs und das Ende der Leihe festzusetzen. Wenn er dies aber getan hat, das heißt, wenn er die Sache leihweise hingegeben hat, hindert ihn nicht in erster Linie das *officium*, sondern vor allem eine zwischen dem Nehmenden und dem Gebenden begründete Verbindlichkeit [*non officium tantum impedit, sed et suscepta obligatio inter dandum accipiendumque*], ein anderes Ende der Leihe festzusetzen, das Geschäft rückgängig zu machen sowie zur Unzeit den Gebrauch der verliehenen Sache zu entziehen.« (Paul., *29 ad ed.*, D. 13. 6. 17. 3)

Während die *obligatio*, das geht aus diesem Abschnitt klar

hervor, aus einer Handlung abgeleitet wird, entspringt das *officium* einem Umstand oder dem Familienstand (in diesem Fall Blutsverwandtschaft oder Verschwägerung: *necessarii sunt, ut Gallus Aelius ait, qui aut cognati, aut adfines sunt, in quos necessaria officia conferentur*: Festus, 12, 158, 22L).

> א Eine Stelle bei Gellius (13, 3, 1) klärt uns darüber auf, dass die Römer zwischen *necessitas*, einer absoluten materiellen Notwendigkeit (*vis quaepiam premens et cogens*), und *necessitudo*, einer rechtlichen Bindung (göttlichen oder weltlichen Rechts, *ius quoddam et vinculum religiosae coniunctionis*), unterschieden. Der gleiche Autor berichtet auch, dass zur Bezeichnung eines Rechts oder einer Pflicht selten (*infrequens*) der Begriff *necessitas* genutzt wurde. Der Unterschied scheint mit demjenigen übereinzustimmen, der Kelsen zufolge im Deutschen zwischen den Verben müssen* und sollen*, der materiellen und der rechtlichen Notwendigkeit, besteht.

5. Cicero umreißt das Wesen des *officium*, als er den Gegenstand seines Buchs vorstellt. Jede Untersuchung des *officium*, so schreibt er, hat zwei Seiten: Die eine betrifft das höchste Gut (*finis bonorum*), die zweite die Vorschriften, »mit deren Hilfe die Lebensführung nach allen Seiten gestaltet werden kann [*in omnes partes usus vitae conformari possit*]« (*De off.*, 1, 7). Obgleich es auch in diesen Vorschriften in gewisser Hinsicht um das Gute geht, sind sie doch in erster Linie dadurch gekennzeichnet, dass sie »mehr auf die Einrichtung des gemeinschaftlichen Lebens hinauszublicken scheinen [*magis ad institutionem vitae communis spectare videntur*]« (ebd.). Was heißt hier »die Lebensführung gestalten« und »das gemeinschaftliche Leben einrichten«? Dass diese Ausdrücke keinesfalls bloß eine rechtliche oder moralische, sondern sozusagen eine anthropologische Bedeutung haben, wird kurz darauf klar, wenn Cicero die Lebensweise der Tiere der der Menschen gegenüberstellt. Während das nur von Sinneseindrücken geleitete Tier sich unmittelbar nach dem richtet, was ihm gegenwärtig und räumlich nah ist (*quod adest quodque praesens est*), und sich nicht um die Vergangenheit und Zukunft kümmert, »erkennt der vernunftbegabte Mensch, was folgt [*consequentia*], sieht die Ursachen der Dinge und kennt sehr wohl ihre Vorstufen und gleichsam Vor-Gänge, vergleicht Ähnlichkeiten und verbindet sie mit den gegenwärtigen Dingen und knüpft die zukünftigen daran, sieht leicht den Lauf des ganzen Lebens und bereitet die dafür notwendigen Dinge vor [*facile totius vitae cursum videt ad eamque degendam praeparat res necessarias*]« (ebd., 1, 11). Diese Sorge um die Dinge und die anderen Menschen, die der Vernunft entspringt, »weckt die Geister und versetzt sie in die Lage, die Sachen besser zu regeln [*exsuscitat etiam animos et maiores ad rem gerendam facit*]« (ebd., 1, 12).

»Das Leben führen [*vitam degere*]«, »die Sachen regeln [*rem gerere*]«: dafür stehen »die Lebensführung gestalten [*usum vitae conformare*]«, »das Leben einrichten [*vitam instituere*]«, um die es beim *officium* geht. Der Mensch lebt sein Leben nicht einfach wie ein Tier, er »führt« und »regelt« es, und das *officium* ist dasjenige, was das Leben regelbar macht, wodurch es »eingerichtet« und »gestaltet« wird.

Entscheidend ist aber, dass sich auf diese Weise das Augenmerk des Juristen und des Politikers vom einzelnen Tun auf die »Lebensführung« in ihrer Gesamtheit verschiebt, dass das *officium* also tendenziell mit der »Einrichtung des Lebens« als solcher übereinstimmt, mit den Voraussetzungen und den *status*, die die Existenz der Menschen in der Gesellschaft ausmachen.

Vor diesem Hintergrund kann Seneca von einem *officium humanum* sprechen, einer Pflicht, die sich auf den Menschen als einen mit seinen Mitmenschen in einem Verhältnis der *societabilitas* verbundenen bezieht: *cum possim breviter illi formulam humani officii tradere: omne hoc, quod vides, quo divina atque humana conclusa sunt, unum est: membra sumus corporis magni. Natura nos cognatos dedit, cum ex isdem et in eadem gigneret. Haec nobis amorem indidit mutuum et sociabile fecit* (*Epist.*, 95, 51–52). Das *officium* also macht die *condition humaine* aus, die Menschen in ihrer Eigenschaft als *membra … corporis magni* sind Wesen des *officium*.

א Im Jahr 1934 veröffentlicht Max Pohlenz, der zu einem der bedeutendsten Kenner der Stoa werden sollte, eine Monographie, deren Untertitel *Cicero De officiis und das Lebensideal des Panaitios* lautet. Von besonderer Bedeutung ist, bei einem Blick auf das Publikationsdatum, die Wahl des Titels *Antikes Führertum*. Pohlenz zufolge liegt die Bedeutung von Ciceros Werk letztlich darin, eine Theorie des Führertums* als »Dienst am Volksganzen« verfasst zu haben. »Cicero«, so schreibt er, »klammerte sich an die Ideale der Scipionenzeit, träumte von einem Führer, einem neuen Scipio, der durch die Auto-

rität seiner Persönlichkeit die alte Verfassung und Roms gute alte Zeit zu neuem Leben erwecken könnte … Die Zeit der *libera res publica*, in der ein Staatsmann nur gestützt auf Liebe und Vertrauen des Volkes den Staat leiten konnte, war vorüber. Ein neuer Führer war nötig, der mit autoritärer Gewalt, wenn auch vielleicht in den alten Formen, dem Parteihader ein Ende machte. Cicero selbst ahnte wohl, dass das Führerideal, das er bekannte, der Gegenwart nicht mehr genügte. Darin liegt die Tragik von *de officiis.*« (Pohlenz, S. 146)
Wie auch immer man die offenkundigen Parallelen zur Lage im Deutschland seiner Zeit einschätzen mag, bedeutsam ist doch, dass Pohlenz das *officium* im Feld der Theorie politischer Regierung verortet. *Officium* ist Führertum* im Sinne einer *leitourgia*, einer Dienstleistung am Volk.

6. Die Strategie Ciceros erscheint nun klarer: Zwischen Moral und Recht soll der Bereich des *officium* angesiedelt werden; sein Gegenstand ist die genuin menschliche Fähigkeit, das eigene Leben und das der anderen zu regeln. Die Mehrdeutigkeit dieser Strategie, die zumindest teilweise ihren Einfluss auf die mittelalterliche und moderne Ethik erklärt, liegt darin, dass die Bestimmung dieses Bereichs einhergeht mit einer Neuinterpretation der Tugendlehre, einem Kernbestandteil der antiken Ethik. Bereits am Anfang, als Cicero die vier *loci* des *honestum* benennt, behauptet er, dass aus jedem von ihnen eine bestimmte Art von *officia* erwächst (*certa officiorum genera nascuntur*: *De off.*, 1, 5); diese *officia* aber werden im Verlauf der Abhandlung so eng an die entsprechenden Tugenden geknüpft, dass sie nicht mehr von ihnen zu unterscheiden sind. Das *De officiis* nimmt sich daher wie eine Abhandlung über die Tugenden aus: Bereits das erste Buch besteht im Wesentlichen aus einer Analyse der Gerechtigkeit, der Wohltätigkeit, der Seelengröße und der Mäßigung, und auch in den beiden folgenden Büchern wird der Behandlung der Großzügigkeit und der Worttreue sowie der allgemeinen Definition von Tugend viel Raum gegeben. Das *officium* macht das Leben der Menschen regelbar, und das Dispositiv der Tugenden erlaubt es, diese Regelung umzusetzen. Die Pflichten damit als Tugenden und die Tugenden als Pflichten behandelt zu haben, ist die ambivalenteste Hinterlassenschaft von Ciceros Werk an das christliche Abendland.

7. Dass sich Ambrosius, als er drei Jahrhunderte später mit der Arbeit an seiner Abhandlung über die Ethik der Priester begann, dafür entschied, nicht nur den Titel, sondern auch die Struktur und die Themen von Ciceros Werk zu übernehmen, gibt einigen Grund zur Verwunderung. Der Text ist in der Tat, von Beginn an, streng an seinem heidnischen Vorbild ausgerichtet – in einer zugleich demonstrativ behaupteten, aber umso weniger eingehaltenen Distanz.
Die lange Präambel über das Schweigen, in deren Mittelpunkt ein ausführlicher *midrash* von *Psalm* 39 (*dixi custodiam vias meas, ut non delinquam in lingua mea*) steht, will vor allem den Eindruck vermitteln, dass ihm die Idee zu dieser Abhandlung gleichsam zufällig bei einer Meditation über die *silendi patientia* und die in einem Vers der Heiligen Schrift behandelte *opportunitas loquendi* (»wäh-

rend ich also diesen Psalm betrachtete, kam mir der Gedanke, über die *officia* zu schreiben« – *successit animo de officiis scribere, De off.*, 1, 7, 23) gekommen sei, und nicht bei der Lektüre von Ciceros Text, der demjenigen, der wie Ambrosius über die Gerichtssäle und die öffentliche Verwaltung (*raptus de tribunalis atque administrationis infulis ad sacerdotium*: *Ep.*, 1, 4) zum Priestertum gekommen war, wohl vertraut sein musste. In Wirklichkeit bezeugen der unmittelbar auf diese Stelle folgende Verweis auf Panaitios und Cicero und die Ansprache an seine »im Evangelium gezeugten Kinder«, die sich auf Ciceros Ansprache an seinen Sohn bezieht (*sicut Tullius ad erudiendum filium, ita ego quoque ad vos informandos filios meos ... quos in evangelio genui*: *De off.*, 1, 7, 24), zweifelsfrei die Strategie des Autors: Es geht ihm darum, das Konzept des *officium* aus der profanen Sphäre der Philosophie in die der christlichen Kirche zu verschieben. Er fügt zu diesem Zweck eine kurze ätiologische Erzählung ein, der zufolge die Abfassung des Werks einer Eingebung des Heiligen Geistes folge. »Während ich heute also das Evangelium las, lenkte der heilige Geist, als ob er mich über diesen Gegenstand schreiben machen wollte [*quasi adhortaretur ad scribendum*], meinen Blick auf eine Stelle, die mich darin bestärkte, dass auch wir von *officium* sprechen können [*qua confirmaremur etiam in nobis officium dici posse*]« (ebd., 1, 8, 25). Nicht zufällig handelt es sich bei dieser Stelle um die lateinische Fassung von *Lk.*, 1,23, eines von nur zwei Vorkommnissen des Begriffs *leitourgia* in der Bibel: *ut impleti sunt dies officii eius* (gemeint ist der Priesterdienst des Zacharias). »Auch wir«, so Ambrosius' Schlussfolgerung, »können also der Schrift zufolge von *officium* sprechen«

(ein »können«, das nach einer Aufforderung durch den Heiligen Geist mehr wie ein »müssen« anmutet).
Und nicht nur die Heilige Schrift, so ergänzt er im Anschluss, sondern auch die Vernunft spricht dafür, dass die Christen den Begriff benutzen können, wenn sich *officium*, gemäß der Etymologie, die Ambrosius von Donatus übernimmt, tatsächlich von *efficere* herleitet (*quando quidem officium ab efficiendo dictum*). Diese Etymologie sollte sich unter den christlichen Autoren, von Isidor bis Sicard und Durand, einer großen Beliebtheit erfreuen; sie wurde von ihnen aufgenommen und um die tautologische (bzw. paronymische) Formel *quia unusquique debet efficere suum officium* ergänzt (was nicht so sehr »jeder muss seine Pflicht tun« bedeutet, sondern eher »jeder muss seine gesellschaftliche Stellung wirksam werden lassen«).
Gleich zu Anfang werden damit, fast schon beiläufig, die drei wesentlichen Punkte der Strategie Ambrosius' festgeschrieben: 1) das Konzept des *officium* wird in die Kirche eingeführt und christianisiert; 2) mit *officium* wird *leitourgia* und nicht nur *kathēkon* übersetzt; 3) es verweist auf den Bereich der Operativität, den Ambrosius, wie wir oben gesehen haben (s. o. S. 87 f.), zu den Eigenschaften des christlichen Mysteriums zählt.

8. Ebenso wie die Vorlage von Cicero, die von Gelehrten als unsystematisch und »improvisiert« (Testard, S. 14) bezeichnet wurde, hat auch Ambrosius' Buch auf moderne Leser inkohärent, repetitiv und vor allem unoriginell gewirkt. Dieser Mangel an Originalität und die oft sklavische Orientierung an Ciceros Text aber erstaunen kaum mehr, wenn man sich vor Augen hält, dass sie auf hervorragende

Weise Ambrosius' Ziel dienen, das Konzept des *officium* in die Kirche einzuführen. Daher übernimmt er Punkt für Punkt die Argumentation Ciceros, ersetzt die heidnischen *exempla* aber jedes Mal durch Beispiele aus der Heiligen Schrift. An die Stelle der Episoden aus der römischen und griechischen Geschichte treten jetzt die Begebenheiten aus der Geschichte der Juden; Abraham, Moses, David, Salomon oder Jakob nehmen den Platz von Attilius Regulus, Cato, Pompeius, Scipio, Philipp von Makedonien oder Tiberius Gracchus ein.

Ebenso eng ist die Verflechtung der *officia* mit den Tugenden, die von den biblischen Beispielen belegt werden sollen. Wie Cicero aus den vier Bestandteilen des *honestum* die entsprechenden Pflichten und Tugenden herleitete, so behauptet auch Ambrosius, der Punkt für Punkt die Aufstellung von Cicero übernimmt (*prudentia*, *iustitia*, *fortitudo*, *temperantia*), dass »aus diesen vier Tugenden die verschiedenen Pflichten hervorgehen [*ab his quattuor virtutibus nascuntur officiorum genera*]«. Auf diese Weise, schlicht durch den Austausch der *exempla*, werden aus heidnischen *officia* christliche, aus stoischen Tugenden christliche, aus den Verhaltensregeln römischer Juristen und Senatoren die Würden und *verecundia* christlicher Amtsträger.

Es wird auf diese Weise ersichtlich, warum ein Meister der Prosa wie Cicero und ein feinsinniger Redner wie Ambrosius sich zu einem »zusammenhanglosen Aneinanderreihen von Sätzen« (wie es der Herausgeber einer jüngeren italienischen Ausgabe formulierte) bzw. einem »Mangel an innerem Zusammenhang« (Steidle, S. 19) herablassen konnten. Der Sinn beider Bücher besteht weder in der *inventio* noch in der *dispositio* – den beiden Pfeilern der römischen Rhetorik. Es geht in beiden Fällen im Wesentlichen um ein terminologisches und politisches Vorhaben: also im einen Falle darum – unter dem Deckmantel einer Übersetzung aus dem Griechischen –, in Politik und Moral eine ihnen fremde Vorstellung einzuführen und sie technisch zu gebrauchen; im anderen, das ciceronianische *officium* zur Begründung der priesterlichen Praxis punktgenau in die Kirche zu übertragen. Wie es aber häufig geschieht, wenn sie mit einer Veränderung der Ontologie einhergeht, kann eine begriffliche Transformation ebenso weitreichende und revolutionäre Auswirkungen haben wie eine materielle. Indem sie Gewand und Maske des *officium* überstreifen, erfahren nicht nur die Tugenden, sondern mit ihnen das gesamte Gebilde von Ethik und Politik eine Verwandlung, deren Auswirkungen wir noch immer zu ermessen haben.

9. Weder Cicero noch Ambrosius geben uns eine Definition der Pflicht. Der Erstere stellt in der Einleitung seines Werks noch fest, dass jede Behandlung des Problems mit der Definition *quid sit officium* beginnen müsse, unterschlägt diese dann aber und beschränkt sich darauf, sie vermittels eine zweifachen Einteilung zu behandeln; Letzterer verzichtet zugunsten einer Darstellung durch Beispiele ausdrücklich auf eine Definition. In Ermangelung einer Definition scheint es bei Ambrosius also geboten, sich in der Hoffnung auf nützliche Hinweise näher mit der von ihm angeführten Etymologie zu befassen. Er übernimmt, wie wir gesehen haben, die Etymologie von Donatus (*ab efficiendo*), fügt ihr aber eine bemerkenswerte Bestimmung hinzu: *officium ab efficiendo dictum putamus, quasi* efficium: *sed propter decorem sermonis una immutata littera* (1, 8, 26). Auf diese Weise, durch die Erfindung eines völlig neuen Wortes (*efficium*), wird der Begriff mit Nachdruck in die Sphäre der Wirklichkeit und des *effectus* (*efficere* bedeutet *aliquid ad effectum adducere*) überführt: *officium* wird nicht von *opus* oder *operari* her bestimmt, sondern vom *efficium* eines *efficere*, ist also reine Wirklichkeit.

Diezinger hat die enge Wechselbeziehung aufgezeigt, die in den liturgischen Texten zwischen *officium* und *effectus* geknüpft wird. Das liturgische Tun (das *officium* in einem weiteren Sinne) entsteht aus dem Beitrag zweier verschiedener und doch untrennbar miteinander verbundener Elemente: dem *ministerium* des Priesters – dem *officium* im engeren Sinne, das nur als Werkzeugursache handelt – und dem göttlichen Beistand – dem *effectus* –, der es vollendet und wirklich macht. Eine Reihe von Texten, die antiken Sakramentaren und dem *Missale romanum* entstammen, betonen diese Verbindung mit geradezu obsessivem Nachdruck: *id quod fragili supplemus officio tuo potius perficiatur effectu … ut quod nostro ministratur officio tua benedictione potius impleatur … quod humilitatis nostrae gerendum est ministerio, virtutis tuae compleatur effectus … ad piae devotionis officium et ad tuae sanctificationem effectu* (Diezinger, S. 73 und 106). Wie eng diese Wechselbeziehung ist, dass ihre beiden Elemente tatsächlich als Doppelwesen verstanden werden, zeigt zweifelsfrei die älteste Formel für die Absetzung eines unwürdigen Bischofs an: *Sic spiritualis benedictionis et delibationis mysticae gratiae, quantum in nobis est, te privamus, ut perdas sacrificandi et benedicendi et officium et effectum* (ebd., S. 79). *Officium* und *effectus* sind zwar voneinander unterschieden, aber zugleich bis zur Ununterscheidbarkeit miteinander verbunden, so dass ihr Doppelwesen jene Wirklichkeit des liturgischen Tuns ausmacht, von der der Bischof nun ausgeschlossen wird.

10. In diesen Beispielen zeichnet sich eine paradoxale Zirkularität mit Auswirkungen auf unser Verständnis der Ethik und des menschlichen Tuns ab, die man weiter bedenken muss. Das Tun wird in zwei Elemente geschieden, deren erstes, das *ministerium* (oder *officium* im engeren Sinne) nur das instrumentale Tun und Sein des Priesters bestimmt und in Begriffen von Demut und Unvollkommenheit beschrieben wird (*fragili officio … humilitatis nostrae ministerio*). Das zweite, das das erste realisiert und vervollständigt, ist göttlicher Natur und gleichermaßen ins erste eingeschrieben, in ihm enthalten, so dass der korrekte Vollzug der priesterlichen Funktionen notwendigerweise und automatisch die Realisierung des *effectus* mit sich bringt (man wird hier die Dualität von *opus operantis* und *opus operatum* wiedererkennen, mit deren Hilfe die Scholastik das liturgische Mysterium bestimmte).
Der göttliche *effectus* wird vom menschlichen Dienst bestimmt und der menschliche Dienst vom göttlichen *effectus*. Ihre wirkliche und wirksame Einheit ist das *officium-efficium. Dies aber bedeutet, dass das* officium *Sein und Tun in ein zirkuläres Verhältnis zueinander setzt, in dem das Sein des Priesters sein Tun definiert und dieses wiederum sein Sein*. Im *officium* werden Ontologie und Praxis ununterscheidbar: Der Priester soll das sein, was er ist, und er ist das, was er sein soll.
Es wird nun deutlich, was in der Strategie des Ambrosius

auf dem Spiel steht: Es ging darum – jenseits der Grundlagen der antiken Ethik, und dennoch in deren Tradition –, einen Begriff herauszustellen, der es ermöglichte, das Tun des Priesters und der Kirche als Ganzes zu denken und zu definieren.

Weil das Problem der frühen Kirche darin lag, die spirituelle Würde (der Besitz der Charismen) und die Erfüllung einer juridisch-bürokratischen Funktion sowie die Feier des göttlichen *mysterium* und die Ausführung eines menschlichen *ministerium* miteinander zu vereinbaren, lieferte der ciceronianische Begriff des *officium*, der kein absolutes ethisches Prinzip bezeichnete, sondern vielmehr eine »umstandsbedingte Pflicht« (gemäß der Formel, die Durand von Isidor übernimmt: *proprius vel congruus actus unuis cuiusque personae secundum mores et leges civitatis vel instituta professionis*: Durand, II, S. 14), ein schlüssiges Modell, um diese beiden Aspekte so gut wie möglich zur Übereinstimmung zu bringen.

Daraus geht, wie wir gesehen haben, ein paradoxales ethisches Paradigma hervor, in dem die Verbindung des Subjekts mit seinem Tun auseinanderbricht und zugleich auf einer anderen Ebene neu entsteht: ein Tun, das ausschließlich aus seiner irreduziblen Wirksamkeit besteht und dessen Wirkungen sich dennoch nicht vollständig der Person zuschreiben lassen, die sie hervorruft.

11. An einer Stelle des *De lingua latina* unterscheidet Varro drei Formen menschlichen Tuns, die »aufgrund ihrer Ähnlichkeit von denen, die sie für eine und dasselbe halten, miteinander verwechselt werden«: *agere, facere, gerere*. »Man kann tatsächlich etwas machen [*facere*] ohne es zu

handeln [*agere*], so wie der Dichter das Drama macht, aber nicht handelt [*agere* bedeutet auch ›vortragen‹]: andererseits handelt der Schauspieler das Drama, aber macht es nicht. So wird das Drama vom Dichter gemacht, aber nicht gehandelt, und vom Schauspieler wird es gehandelt, aber nicht gemacht. Der *imperator* [der Beamte mit der höchsten Macht] dagegen, bei dem man den Ausdruck *res gerere* verwendet, macht nicht und handelt auch nicht, sondern *gerit*, also trägt und nimmt auf sich [*sustinet*], ein Begriff, der von denjenigen herrührt, die Gewichte tragen [*onera gerunt*], indem sie sie unterstützen« (Varro, 6, 77, S. 245).
Die Unterscheidung zwischen *facere* und *agere* stammt in letzter Instanz von Aristoteles, der sie in einem berühmten Abschnitt der *Etica Nicomachea* folgendermaßen gegenüberstellt: »Handeln [*praxis*] und Machen [*poiesis*] sind der Gattung nach verschieden … Denn das Machen hat ein Endziel außerhalb seiner selbst, beim Handeln aber kann dies nicht so sein: Das gute Handeln [*eupraxia*] ist selbst Endziel.« (1140b 4–5) Neu und genuin römisch dagegen ist die Bestimmung einer dritten Art des menschlichen Tuns: das *gerere*.
Gerere, das ursprünglich »tragen« meinte, bezeichnete in der politisch-juridischen Sprache »regieren, verwalten, ein Amt erfüllen« (*rem publicam gerere, gerere magistratus, honores, imperium*). Durch eine ähnliche semantische Entwicklung erhält auch das Wort *sustinere* die politische Bedeutung »ein Amt annehmen« (*munus sustinere in re publica*). Während für Aristoteles Handeln [*praxis*, A. d. Ü.] das Paradigma des politischen Tuns ist, bezeichnet *gerere* also die spezifisch römische Vorstellung von der Tätigkeit desjenigen, der mit einer öffentlichen Regierungsauf-

gabe betraut ist. Der *imperator*, der Staatsmann, dem das *imperium* verliehen wurde, handelt nicht und bringt auch nichts hervor, sein Tun ist, im Gegensatz zum Machen, nicht durch ein äußerliches Ziel (das Werk) bestimmt und hat sein Ziel auch nicht in sich selbst: *Es bestimmt sich schlechterdings durch seine eigene Ausübung, durch die Annahme und das Ausfüllen einer Funktion bzw. eines Amts.* In diesem Sinne kann Varro davon sprechen, dass der Staatsmann sein Tun »trägt und auf sich nimmt« (*sustinet*): Damit erfüllt sich der Kreislauf der Wirkungen von *munus* und Ausübung, *ministerium* und *effectus*, das Tun fällt hier mit der Verwirklichung einer Funktion zusammen, die es selbst definiert. Das *gerere* ist in diesem Sinne also das Paradigma des *officium*.

א Im letzten Satz des zitierten Abschnitts setzt das maßgeblichste Manuskript des *De lingua latina* (das Laurentinische, LI, 10) nicht *onera gerunt*, sondern *honera gerunt*. Während man von *sustinere* auch im Zusammenhang mit Gewichten (*onera*) sprechen kann, wird *gerere* nie mit *onera* verwendet, wohingegen der Ausdruck *gerere honores* geläufig ist. Der Schreiber des 11. Jahrhunderts, der das Manuskript kopiert hat, kannte die klassische Bedeutung von *gerere* im Zusammenhang mit *honores* nicht und hat diesen Begriff mit dem gewöhnlicheren *onera* ersetzt, dabei allerdings vergessen, das *h* zu streichen. Vervollständigte man *onera* zu *honores*, ergäbe dies folgende Bedeutung: »ein Begriff, der von denjenigen herrührt, die öffentliche Ämter ausfüllen, indem sie sie tragen und auf sich nehmen«, was zweifelsohne mehr Sinn ergibt.

12. Die Beschaffenheit des Amts und seines *gerere* erhellt sich, wenn man es in Beziehung zur Sphäre des Befehls setzt, also zum eigentlichen Akt des *imperator*.
Man muss sich die sehr eigene Beschaffenheit des Befehls vor Augen führen, der im eigentlichen Sinne keine Tat ist (daher kann Varro von dem, der den Befehl führt, sagen, dass er »nicht macht und nicht handelt«, dafür aber »trägt und auf sich nimmt«), sondern die Handlung eines anderen (der dazu angehalten ist, zu gehorchen, also den Befehl auszuführen) zum Gegenstand hat und diese auf sich nimmt. In dieser Hinsicht ist der Imperativ, wie Magdelain bemerkt hat (S. 34–42), der dem Recht eigene sprachliche Modus (*ius esto, emptor esto, piaculum dato, sacer esto, exta porriciunto, parricidas esto*), weil eine Norm, die andernfalls leer ist, stets das Verhalten oder die Handlung eines Individuums zum Gegenstand hat, das ihr äußerlich ist. Aber genau aus diesem Grund ist es schwierig, die Bedeutung des Imperativs, der in den indoeuropäischen Sprachen morphologisch mit dem Wortstamm übereinstimmt, in semantischer Hinsicht zu bestimmen: Es gibt in der Tat sprachlich keinen wesentlichen Unterschied zwischen dem Indikativ, der eine Handlung beschreibt (»er geht«), und der Befehlsform desselben Verbs (»Geh!«).[1] Und dennoch liegt das Ziel einer auf Befehl ausgeführten Handlung nicht nur in dem, was im Wesen der Handlung selbst liegt, sondern (so gibt

1 A. d. Ü.: Im italienischen Beispiel besteht in der Tat keinerlei morphologischer Unterschied zwischen dem Indikativ »egli cammina« und dem Imperativ »cammina!«, diese Übereinstimmung gibt es aber nicht in allen Konjugationen, und sie kommt im Deutschen nicht vor.

man zumindest vor) auch und in erster Linie darin, den Befehl auszuführen. (Daher ging man – zumindest bis zu den Prozessen am Ende des Zweiten Weltkriegs – davon aus, dass derjenige, der einem Befehl folgt, für die Folgen seiner Tat nicht verantwortlich gemacht werden kann.)

Hier wird die Nähe zwischen der Ontologie des Befehls und der Ontologie des Amts ersichtlich, die wir zu definieren versucht haben. Sowohl derjenige, der einen Befehl ausführt, als auch derjenige, der eine liturgische Handlung vollzieht, *ist* nicht einfach und *handelt* nicht einfach, sondern wird in seinem Sein von seinem Handeln bestimmt und umgekehrt. Der Offizier – ebenso wie der Priester – ist das, was er soll, und soll das, was er ist; er ist ein Befehlswesen. Die Verwandlung des Seins in ein Sein-sollen, das gleichermaßen die moderne Ethik, Ontologie und Politik ausmacht, hat hier ihr Paradigma.

א Die eigentümliche Beschaffenheit des *officium* äußert sich im kanonistischen Diskurs im Streit über die Frage, ob das Amt eine objektive oder subjektive Gegebenheit sei. Die Vertreter der ersten Position halten das Amt als institutionelle Gegebenheit (*ministerium, dignitas, honor*) für ein objektives Element, das von normativen Verhaltensregeln geprägt wird und in einem *titulus* und einem *beneficium* (einem materiellen Ertrag) zur Form gerinnt; die Vertreter der zweiten Position dagegen halten es im Wesentlichen für ein *munus*, eine Tätigkeit, die von einem Individuum in Ausübung einer Funktion vollzogen wird (vgl. Vitale, S. 101).

Bei einer näheren Betrachtung der Begriffe, mit denen

die Auseinandersetzung geführt wird, kann man aber leicht feststellen, dass es sich um zwei Aspekte des gleichen Phänomens handelt. Gewiss, die kanonistische Tradition scheint dem subjektiven Element der Ausübung den Vorrang einzuräumen (*officium datur principaliter non propter dignitatem, sed propter exercitium*: ebd., S. 98); dass die beiden Elemente aber die Pole eines einzigen Systems bilden, innerhalb dessen sie verschmelzen und sich gegenseitig bestimmen, geht, jenseits der terminologischen Schwankungen, aus dem sehr engen Wechselverhältnis hervor, das die Texte zwischen dem objektiven und dem subjektiven Element des *officium* herstellen.

Wenn die Kirchenrechtler heute, um die beiden Positionen miteinander zu vereinbaren, vom Amt als einem »rechtlichen Status« oder einer »Befugnis-Pflicht« sprechen, die festlegt, dass ein bestimmtes Subjekt aufgrund seiner Funktion oder seiner Aufgabe die Befugnis (und die damit verbundene Pflicht) zur Durchführung gewisser Handlungen hat, so erneuern sie damit die Zirkularität, die wir schon als bestimmendes Kennzeichen der liturgischen Praxis ausgemacht haben.

א Jetzt wird auch die Triftigkeit des Begriffs der Werkzeugursache deutlicher, mit dem Thomas die sakramentale Handlung beschreibt. Ebenso wie das Werkzeug per definitionem nur dann tätig ist, wenn es vom Haupthandelnden betätigt wird, so leitet sich die Wirksamkeit des Tuns des Kirchendieners nicht von seiner Person her, sondern von der Funktion und dem Amt, die er ausübt. In diesem Sinne handelt der Kirchendiener nicht, sondern er trägt die Handlung, die seine Funktion mit sich bringt, »nimmt sie auf sich«, um mit den Worten Varros zu sprechen.

Es ist interessant, in dieser Hinsicht den Begriff »Funktion« zu betrachten, der eng mit dem des Amts verknüpft zu sein scheint (*officio fungi*; *munere, consulatu fungi*). Es ist zutreffend bemerkt worden (Gasparri, S. 35), dass »fungieren bedeutet, zu handeln, als ob man ein anderer wäre, als *alter ego* einer Person oder einer Gemeinschaft. Eine Funktion zu haben bedeutet nicht nur, befugt zu sein, Handlungen zu vollziehen, für die ein anderer an der Stelle des Handelnden die Verantwortung trägt, sondern auch, erklärtermaßen, offen als ein anderer zu handeln.« Der Begriff »Funktion« benennt die wesenhafte Stellvertretung des Amts. Die Analogie zum thomistischen Paradigma der Werkzeugursache, in der Gott durch denjenigen handelt, der die Funktion des Priesters ausübt, ist augenscheinlich.

Schwelle

Die vielleicht wichtigste Auswirkung des *officium* als Paradigma des priesterlichen Tuns auf die abendländische Ontologie ist die Verwandlung des Seins in Sein-sollen und die daraus folgende Einführung der Pflicht als grundlegendes Konzept in die Ethik.

Man bedenke die einzigartige Zirkularität, die wir als das Wesen des *officium* ausgemacht haben. Der Priester muss sein Amt erfüllen, weil er Priester ist, und er ist Priester, weil er sein Amt erfüllt. Das Sein schreibt das Tun vor, aber das Tun bestimmt vollständig das Sein: Das allein ist die Bedeutung von »sein-sollen«. Der Priester ist das Seiende, dessen Sein unmittelbar eine Aufgabe und eine Dienstleistung ist – kurzum: eine Liturgie.

Im Einklang mit dieser Substanzlosigkeit des Priestertums, in der Ontologie und Praxis, Sein und Sollen dauerhaft auf eine Schwelle der Ununterscheidbarkeit treten, steht die Lehre des *character indelebile*, die seit Augustinus die Ordination der Priester sanktioniert. Der *character*, das beweist die absolute Unmöglichkeit, an ihm einen substantiellen Inhalt auszumachen, steht für nichts anderes als den Nullpunkt der liturgischen Wirklichkeit, der als solcher in dem Moment offenbar wird, wo der Priester *a divinis* suspendiert wird. Das Priestertum also, dessen Chiffre der *character* ist, stellt kein wirkliches Prädikat dar, sondern eine reine Signatur, die einzig den konstitutiven Überschuss der Wirklichkeit gegenüber dem Sein sichtbar werden lässt.

Daher rührt die tendentielle Flüchtigkeit des Subjekts, das

die Signatur kennzeichnet und konstituiert. Da es sein soll, was es tut, und das tut, was es sein soll, ist das Subjekt der liturgischen Handlung nicht wirklich ein solches (auf der Ebene der Theologie äußert sich das in der Theorie, dass sein Tun als *opus operatum* von einem anderen getan wird, nämlich Christus). Jeder, der meint, zu einer Handlung verpflichtet zu sein, geht davon aus, nicht zu sein, sondern zu sollen. Er geht also davon aus, sich vollständig in Liturgie aufzulösen. Die Handlung als Liturgie, und diese als zirkuläre Beziehung von Sein und Praxis, von Sein und Sollen: Dieses Erbe hat die Moderne mehr oder weniger bewusst angetreten, indem sie die Pflicht und das Amt ohne Vorbehalt ins Zentrum ihrer Politik und ihrer Moral gestellt hat. Diese Verwandlung des Seins in Sollen – und die ontologische Nähe von Befehl und Amt, die ihr eingeschrieben ist – müssen wir nun in den Mittelpunkt unserer Untersuchungen stellen.

IV. Die zwei Ontologien oder wie die Pflicht ihren Weg in die Ethik fand

1. Der Leser der *Genealogie der Moral* wird nicht umhinkommen, eine seltsame Lücke festzustellen. Die drei Abhandlungen, aus denen Nietzsches Buch besteht, zeichnen jeweils eine kritische Genealogie der Gegensatzpaare »gut/böse, gut/schlecht«, der Schuld und des schlechten Gewissens sowie schließlich des asketischen Ideals. Es fehlt aber eine Genealogie des – zumindest seit Kant – vielleicht grundlegenden Begriffs der modernen Ethik: der Pflicht. Sie wird in der zweiten Abhandlung zwar im Zusammenhang mit der Schuld erwähnt, hergeleitet aus dem Verhältnis zwischen Schuldner und Gläubiger: Aber Nietzsche konzentriert sich hier vor allem auf die Verbindung zwischen Schuldgefühl, schlechtem Gewissen und Reue. Dass ihm die Bedeutung des Pflichtbegriffs natürlich nicht entgangen sein konnte, belegen einige Fragmente aus dem Entstehungsprozess des Werks, in denen wir beispielsweise lesen: »Das Problem ›du sollst‹: ein Hang, der sich nicht zu begründen weiß, ähnlich wie der Geschlechtstrieb, soll nicht unter die Verurtheilung der Triebe fallen; umgekehrt, er soll ihr Werthmesser und Richter sein!« (Nietzsche, S. 278 f.). Und dennoch: trotz dieser und anderer, vergleichbarer Notizen fehlt eine vierte Abhandlung über die Pflicht in diesem Buch.

Es gibt für Auslassungen meist gute Gründe, und in diesem Falle waren sie vollständig bewusst. Tatsächlich hatte ausgerechnet Nietzsches Lehrer Schopenhauer der Genealogie der Pflicht ein Kapitel in seinem 1840 veröffentlichten

Werk *Über die Grundlagen der Moral* gewidmet. Unter der Überschrift *Von der imperativen Form der kantischen Ethik* lesen wir hier: »Die Fassung der Ethik in einer imperativen Form, als Pflichtenlehre, und das Denken des moralischen Werthes oder Unwerthes menschlicher Handlungen als Erfüllung oder Verletzung von Pflichten, stammt mit sammt dem Sollen, unleugbar nur aus der theologischen Moral und demnächst aus dem Sollen« (Schopenhauer, S. 164). Schopenhauer zufolge wurde der theologische Imperativ, der sinnvoll nur in einem Zusammenhang mit einer Bestrafung oder einer Belohnung war und von ihnen nicht getrennt werden konnte, von Kant stillschweigend in die Philosophie überführt, wo er die widersprüchliche Form einer »absoluten, bzw. kategorischen Pflicht« angenommen hat. Da die kantische Moral so gesehen auf »versteckten theologischen Voraussetzungen« gründet – in Wirklichkeit eine »Moraltheologie« ist –, kann man sagen, dass sie »zum Resultat machte, was das Princip oder die Voraussetzung hätte seyn müssen (die Theologie), und zur Voraussetzung nahm, was als Resultat hätte abgeleitet werden sollen (das Gebot)« (ebd., S. 165).

Nachdem er ihren theologischen Ursprung ausgemacht hat, kann Schopenhauer nun den Grundbegriff der kantischen Ethik, die »Pflicht: … ›die Nothwendigkeit einer Handlung, aus Achtung vor dem Gesetz‹« (ebd., S. 174) demaskieren oder zumindest neu interpretieren. Der Ausdruck »Notwendigkeit einer Handlung« ist Schopenhauer zufolge schlicht eine »künstlich versteckte, sehr gezwungene Umschreibung des Wortes ›Soll‹« (ebd., S. 175) und verweist so auf die Sprache des Dekalogs. In diesem Sinne meint die angeführte Definition »›die Nothwendigkeit

einer Handlung, aus Achtung vor dem Gesetz‹« in ungezwungener und unverdeckter Sprache, also ohne Maske: »›Pflicht bedeutet eine Handlung, die aus Gehorsam gegen ein Gesetz geschehn soll‹ – Dies ist ›des Pudels Kern‹« (ebd.).
Die von Schopenhauer zweifelsohne korrekt aufgezeichnete Genealogie belegt, wie wenig getan ist, wenn man etwas demaskiert und seinen verborgenen Ursprung freigelegt hat. Indem man die kantische Ethik auf ihren mutmaßlichen theologischen Ursprung zurückführt, gewinnt man wenig hinsichtlich dessen, was uns eigentlich interessieren sollte, nämlich ein Verständnis des praktischen Paradigmas, das sie hervorgebracht hat, und der spezifischen Beschaffenheit des menschlichen Tuns, um das es bei ihr geht. Eine Genealogie herstellen bedeutet nicht, wie es schon Foucault bemerkt hatte, »alle Masken abnehmen, um eine ursprüngliche Identität freizulegen« (Foucault 2, S. 138), es bedeutet vielmehr, durch eine eingehende Untersuchung von Details und Begebenheiten, von Strategien und Taktiken, Lügen und Wahrheiten, Um- und Königswegen, Praktiken und Kenntnissen die in unserem Fall naheliegende Frage »Wo liegt der Ursprung der Vorstellung von Pflicht?« durch die etwas weniger offensichtliche zu ersetzen: »Was steht bei der Strategie, menschliches Tun als *officium* zu verstehen, auf dem Spiel?« und »Worin liegt das Wesen einer liturgischen Handlung, also einer Handlung, die sich vollständig mit den Begriffen des *officium* bestimmen lässt?«

2. Entscheidend ist, dass das Verhältnis der beiden Elemente der Handlung, *officium* und *effectus*, in der liturgischen Tradition im Sinne des Modells Akt-Potenz verstanden wurde. *Effectus* diente, wie wir gesehen haben, in den frühesten Texten nicht nur als Übersetzung des griechischen *energeia*, der göttliche *effectus* vollzieht und vollendet in den Messbüchern und Sakramentaren auch dasjenige, was im Tun des Priesters jeweils potentiell angelegt war. So lautet die Anrufung, mit der sich der Text des *Missale Romanum* an Gott wendet: *vere dignum … aeterne Deus, qui invisibili potentia tuorum sacramentorum mirabiliter operaris effectum* (Diezinger, S. 78).

Auch hier aber bringt der Übergang vom Paradigma der *energeia* zu demjenigen der Wirklichkeit eine nicht unwesentliche Neuerung mit sich. Während bei Aristoteles *dynamis* und *energeia* zwei ontologische Kategorien ausmachten, zwei »Weisen, in denen vom Sein die Rede ist«, die als solche zwei verschiedene Weisen der Gegenwart bezeichneten, geht es jetzt um die Verfasstheit der Praxis, die Beziehung zwischen einer bestimmten Funktion – dem *munus* bzw. *ministerium* des Priesters – und ihrer Verwirklichung (dem *effectus*).

Es ist angebracht, die Unterschiede zwischen und zugleich die Parallelen von aristotelischem und christlichem Modell zu betrachten. Während in Aristoteles' Beispiel des Architekten (*Met.* 1046b, 32 ff.) *dynamis* und *energeia* zwei gleichartige und voneinander unterschiedene Voraussetzungen sind, die die Gegenwart des Architekten wesentlich ausmachen, stellen im Falle des Priesters *officium* und *effectus* die zwei (verschiedenartigen) Elemente dar, deren Zusammenwirken die liturgische Praxis bestimmt. In beiden Fällen aber ist das entscheidende Problem die Frage nach dem, was den Übergang von der Potenz zum Akt und vom *ministerium* zum *effectus* ermöglicht. In der aristotelischen Tradition gewährleistete die *hexis* (im Lateinischen *habitus*) diesen Übergang, und die Theorie der Tugenden war der Ort, an dem das Problem behandelt wurde (dies erklärt, warum die Analyse des *officium* sowohl bei Cicero als auch bei Ambrosius in einer Abhandlung über die Tugenden erfolgt). Eine Archäologie des *officium* wird sich also notwendigerweise damit beschäftigen müssen, auf welche Weise die Theologen, indem sie den Ansatz des Aristoteles übernehmen, die Lehre der *habitus* und der Tugenden formulieren.

3. Ein Verständnis der aristotelischen Tugendlehre muss von dem Abschnitt der *Nikomachischen Ethik* (1105b 19–20) ausgehen, in dem die Tugend als »Habitus«[1] (*hexeis*) definiert wird: »Wenn es in der Seele drei Dinge gibt, die Leidenschaften [*pathé*], Vermögen [*dynameis*] und Habitus [*hexeis*], so wird die Tugend [*areté*] wohl eins von diesen dreien sein.« Die Zuordnung der Tugenden zu den Habitus geschieht schlicht im Ausschlussverfahren: Da sie weder Leidenschaften noch Vermögen sind, »so bleibt nur, dass sie Habitus sind« (1106a 12). Tugend ist also diejenige

1 A. d. Ü.: Der Begriff der *hexis* bei Aristoteles, der von der Scholastik mit dem Lateinischen *habitus* wiedergegeben wurde, wird auf verschiedene Weise übersetzt, etwa als »Fähigkeit« oder »befestigte Eigenschaft«, Heidegger verwendet »Gehabe« oder »Haltung«. Wir haben uns, sowohl in seiner Verwendung bei Aristoteles wie für die Diskussion der scholastischen Texte für das in gewisser Weise neutrale Habitus entschieden, das sowohl den Anklang an das »Haben« mit sich bringt wie an die Gewöhnung, die in der scholastischen Verwendung wichtig ist.

hexis, »durch die [*af'hēs*] einer ein guter Mensch [*agathos gignetai*] wird und seine Arbeit gut verrichtet [*eu to heautou ergon apodosēi*]« (1106a 24).
Die angemessene Interpretation eines Begriffs oder einer Theorie setzt ein Verständnis der Problemstellung voraus, angesichts deren sie entstanden ist. Wie so oft kann diese Problemstellung aber nicht durch die Abhandlung über die Ethik allein umrissen werden, sondern muss mit der Theorie der *hexis* abgeglichen werden, die Aristoteles im Buch Theta der Metaphysik entfaltet. Gegenstand dieses Buchs ist die Scheidung des Seins in *Potenz* (*dynamis*) und *Akt* (*energeia*). Nur vor dem Hintergrund dieser Scheidung der Ontologie können wir verstehen, warum die aristotelische Ethik die Form einer Tugendlehre annehmen muss, also einer Lehre der Habitus (*hexeis*). Wenn das Sein in Potenz und Akt geschieden ist, bedarf es einer Instanz, die den Übergang vom einen zum anderen ermöglicht, regelt und durchführt. Diese Instanz, die den Übergang der Potenz von der reinen Möglichkeit (das Vermögen, das wir meinen, wenn wir sagen, dass ein Kind das Schreiben oder das Flötenspiel erlernen kann) zur wirksamen Potenz desjenigen, der schon schreiben oder Flöte spielen und sie daher in die Tat umsetzen kann, bestimmt und ausdrückt, ist die *hexis*, der Habitus (*hexis* von *echō*, »haben«) der Potenz.
Auf diesen zweiten Aspekt der Potenz richtet Aristoteles seine Aufmerksamkeit. In *De Anima* (417a 22–32) stellt er demjenigen, der ein Wissen oder eine Fähigkeit tatsächlich ausübt, zwei Modi (*tropoi*) des potentiellen Seins gegenüber: »Auf der einen Seite kann nämlich etwas wissend sein, so wie wir sagen, ein Mensch ist wissend, weil der Mensch zu den wissenden und Wissen besitzenden Wesen

gehört. Oder so wie wir auf der anderen Seite wissend nennen, wer die Kenntnisse der Grammatik innehat [*echonta*]. Beide sind nicht in gleicher Weise vermögend, sondern der eine, weil Gattung und Materie derart sind [*to genos kai hē hylē*], der andere, weil er, sobald er will, zum Wissen zu gelangen vermag [*hoti boulētheis dynatos theōrein*], wenn kein äußerer Umstand ihn hindert. Der dritte aber ist schon Wissender: Er steht in der Erfüllung [*entelechiai ōn*, er hat sich in seinem Ziel] und kennt im eigentlichen Sinne den Buchstaben A. Die beiden ersten sind potentiell [*kata dynamin*] wissend. Der eine wird mittels des Lernens verwandelt, er schlägt oft vom Habitus in den entgegengesetzten Zustand [also der Privation, *sterēsis*, die für Aristoteles das Gegenteil von *hexis* ist] um, der andere geht, auf andere Weise, vom Innehaben [*echein*] des Einmaleins oder der Grammatik, ohne sie zu verwirklichen, zu ihrer Verwendung [*eis to energein*] über.«

Der Habitus ist also die Weise, in der ein Wesen (genauer, ein menschliches Wesen) die Potenz einer Technik, eines Wissens oder einer Fertigkeit »hat«, in der es das Vermögen des Verstehens und Handelns »hat«. Sie ist der Moment, an dem das Sein ins Haben übergeht. Aber genau darin liegt das Aporetische der *hexis*. Wesentlich für die aristotelische Theorie des Habitus ist es nämlich, dass dieses »Haben« eine grundlegende Verbindung zu seiner Privation (*sterēsis*) unterhält. »Bald also scheint etwas durch einen Habitus«, so schreibt Aristoteles in *Met.*, 1019b 6–10, »bald durch eine Privation [*esterēsthai*] vermögend zu sein. Wenn nun auch die Privation [*sterēsis*] gewissermaßen ein Habitus [*hexis*] ist, so würde … es sowohl durch das Haben [*echein*] eines Habitus und eines Prinzips vermögend sein

wie auch durch dessen Privation, wenn es überhaupt eine Privation haben kann.«
Dieses Verhältnis zur Privation (oder, wie er es auch nennt, zur *adynamia*, also zum Unvermögen, bzw. Potenz des nicht) ist für Aristoteles von wesentlicher Bedeutung, denn nur dadurch kann die Potenz als solche bestehen, unabhängig von ihrem Übergang zum Akt. Die strategische Bedeutung des Begriffs des Habitus liegt darin, Potenz und Akt in einem Verhältnis zu belassen, während sie dennoch voneinander getrennt sind. Nur wenn der Habitus auch Habitus einer Privation ist, kann sich die Potenz behaupten, ohne immer schon im Akt aufzugehen. Daher lautet der entscheidende Satz über die Habitus-Potenz: »Jede Potenz ist Impotenz des Gleichen und gemäß des Gleichen [*tou autou kai kata to auto pasa dynamis adynamia*: *Met.*, 1046a 30].« Die *hexis* einer Potenz zu haben bedeutet, in der Lage zu sein, sie nicht auszuüben. In *De Anima* (412a 35) wird der Habitus daher mit dem Schlaf verglichen, in dem ein Mensch zwar Wissen hat, es aber nicht umsetzt: »Das Wachen entspricht dem Wissen in Wirklichkeit, der Schlaf aber dem Haben von Wissen ohne dessen Verwirklichung [*echein kai mē energein*].« Nur durch diese Möglichkeit, es nicht zu verwenden, konstituiert sich gleichermaßen das Subjekt der *hexis*. Aristoteles wird in der Auseinandersetzung mit den Megarikern nicht müde zu wiederholen, dass nur derjenige wirklich eine Potenz hat, der sie ebenso verwirklichen wie auch nicht verwirklichen kann (vgl. *Met.*, 1046b 29; 1047a 25).

א Im zitierten Passus aus dem Buch Theta der *Metaphysik*, hat die Ausgabe von Ross *pasa dynamis adynamiai*,

»jede Potenz ist in der Impotenz«, womit sie inhaltlich nicht wesentlich abweicht, aber vom Unbehagen der Herausgeber angesichts einer so radikalen Aussage zeugt. Die maßgeblichsten Handschriften und bedeutsamerweise auch der Kommentar des Alexander von Aphrodisias haben *adynamia*, »jede Potenz ist Impotenz«.

א Während des Seminars von Le Thor im September 1966 fragte Heidegger die Teilnehmer unvermittelt: »Welches ist der grundlegende Begriff bei Aristoteles?« Da niemand antwortete, warf der jüngste unter ihnen mit einer gewissen Scheu ein: »*Kynēsis*, die Bewegung«, was sich als richtig erwies. Die Theorie der Potenz und des Habitus ist für Aristoteles in Wirklichkeit ein Mittel, um die Bewegung ins Sein einzuführen, und die angeführte Stelle der *Nikomachischen Ethik* (1106a, 22–23) belegt das. Aristoteles sagt nicht »er ist gut«, sondern »er wird gut« (*agathos gignetai*): Es geht nicht nur um den Übergang vom Sein zum Haben, sondern auch vom Sein zum Tun und vom Tun zum Sein. Gemäß einem Paradigma, das mit seinen Aporien die abendländische Ethik geprägt hat, wird der Tugendhafte das, was er ist, und ist das, was er wird.

4. Erst wenn man sie im Kontext der Theorie des Habitus verortet, erhält die aristotelische Konzeption der Tugenden ihren eigentlichen Sinn. Durch den Begriff der *hexis* hatte Aristoteles der Potenz Wirklichkeit und Beständigkeit verliehen und ihr besonderes Verhältnis zum Akt denkbar gemacht (eine Potenz, die immer schon blind in den Akt übergeht oder die, wie die unbestimmte Potenz, keinerlei

Verhältnis zum Akt unterhält, interessierte ihn nicht); aber genau dasjenige, was der *hexis* zu philosophischem Rang verholfen hatte, also ihr Verhältnis zur Privation, machte es jetzt schwierig, ihren Übergang zum Akt konkreter zu denken. Wenn der Habitus immer auch Privation ist, die Potenz, nicht zum Akt überzugehen, wer oder was könnte sie dann zu diesem Übergang bestimmen?

Wenn Aristoteles dem Habitus auch einen wesentlichen Platz im Verhältnis von Potenz und Akt zuschreibt und die *hexis* damit in einem gewissen Sinn jenseits des Gegensatzes Potenz/Akt verortet, wird er dennoch nicht müde, die Überlegenheit des *ergon* und des Akts gegenüber dem bloßen Habitus zu behaupten. »Das Ziel jeder Sache«, so schreibt er in der *Eudemischen Ethik* (1219a 9–19) »ist das *ergon*: es ist daher klar, dass das *ergon* wertvoller ist als der Habitus.« Und in der *Nikomachischen Ethik* (1098b 33 – 1090a 4) greift er auf das Bild des Schlafes – diesmal mit einer deutlich negativen Konnotation – als Chiffre desjenigen zurück, der eine *hexis* hat, sie aber nicht benutzt. »Es macht aber keinen kleinen Unterschied, ob man das Beste als einen Besitz [*en ktēsei*] oder ein Ausüben [*en chrēsei*] ansieht, als einen Habitus [*hexis*] oder einen Akt [*en energiai*]. Denn ein Habitus kann bestehen, ohne dass er etwas Gutes vollbringt, wie etwa wenn man schläft oder in irgendeiner Weise außerhalb aller Tätigkeit ist; bei der *energeia* dagegen ist das nicht der Fall: denn sie wird mit aller Notwendigkeit handeln und gut handeln.«

Die Tugendlehre ist die Antwort auf das Problem der Werklosigkeit des Habitus, der Versuch, sein essentielles Verhältnis zur Privation und zur Potenz-des-nicht (*adynamia*) regelbar zu machen. Daher rühren die Unzulänglichkeit und die Aporien der Aretologie, die Aristoteles der abendländischen Ethik hinterlassen hat. Die Tugend ist nun »ein bestimmter Habitus« (*hexis tis*: *Met.*, 1022b 14) und zugleich etwas im Habitus, das es ihm ermöglicht, zum Akt überzugehen und auf die beste Weise zu handeln. Daher ist die zitierte aristotelische Definition der Tugend in gewisser Hinsicht zweideutig und sowohl auf der Ebene des Seins wie des Tuns angesiedelt: »die Tugend ist der Habitus, durch den (oder dank dessen: *af'hēs*) der Mensch gut wird [*agathos gignetai*] und durch den (oder dank dessen) er sein Werk gut vollbringen wird [*eu to heautou ergon apodosēi*]« (*EN*, 1106a 22–23). Die Wiederholung des *af'hēs* betont die zweideutige Verfasstheit des Tugend-Habitus, der zugleich ontologisch (»er wird gut«) und praktisch (»er wird sein Werk gut vollbringen«) ist.

Auf welche Weise aber die Tugend, diese Form des Habitus, ein solches Ergebnis erzielen kann, wird, außer durch ihre häufige Verwandlung zur »Gewohnheit«[1] (*ethos*), überhaupt nicht bestimmt. In einem Abschnitt der *Eudemischen Ethik* (1220b 1–5), der einen großen Einfluss auf die Scholastik ausüben sollte, kommt diese Verbindung von Gewohnheit und Operativwerdung des Habitus deutlich zum Ausdruck: »Wie auch der Name anzeigt, dass er von der Gewohnheit [*ethos*] abstammt, wird der nicht angeborene Charakter [*ēthos*] durch die Ausbildung vermittels häufigen, in bestimmter Weise erfolgenden Bewegtwerdens

1 A. d. Ü.: Im Italienischen schlägt sich die Nähe dieser beiden Begriffe auch morphologisch nieder – abito und abitudine. Im Deutschen bietet sich der Verweis auf die soziologische Konnotation des Habitus als einer unbewussten, eingeschliffenen Verhaltensweise an.

daran gewöhnt, schließlich tätig zu werden [*enērgetikon*]. Das ist etwas, was wir beim Unbelebten nicht beobachten können, denn auch dann, wenn du den Stein unzählige Mal in die Höhe wirfst, so wirst du ihn niemals ohne Zwang bewegen können.« Dass die Verbindung von ethischer Tugend und Gewohnheit dazu dient, den Habitus mit Blick auf die Handlung und den Übergang zum Akt regelbar zu machen, wird auch in der unmittelbar darauffolgenden Definition des moralischen Charakters gesagt: »der moralische Charakter ist eine Beschaffenheit der Seele, der in der Lage ist, nach Maßgabe des befehlenden Rationalen dem Rationalen zu folgen [*kata epiktatikon logon*].«

א Gerade weil Aristoteles die Handlung ausgehend von der Habitus-Potenz denkt, die eine ursprüngliche Verbindung mit dem der Privation und der Potenz, nicht zum Akt überzugehen (*echein kai mē energein*, haben ohne auszuführen), unterhält, führt seine Ethik notwendigerweise zu einer Aporie (also einer »Weglosigkeit«). Die Tugendlehre, die den Übergang ermöglichen sollte, bleibt in ihrem Kern eine Verhaltenslehre, also eine Theorie des Gewohnheits-Charakters, da alle Elemente, auf die Aristoteles zurückgreift, um vermittels der Tugend die Handlung (wie die Entscheidung – *prohairesis* – und den Willen – *boulēsis*) zu regeln, diesen äußerlich sind, ein außerhalb der Potenz befindliches Subjekt voraussetzen und über keinerlei Verankerung im Habitus verfügen, den sie leiten sollten. Daher gibt sich die aristotelische Tugend bald als ontologische Eigenschaft (eine Modalität des Habitus), bald als eine Beschaffenheit des Werks und der Handlung, und dieses Werk definiert gleichermaßen die *hexis* wie die Handlung und den Handelnden (»ein Werk gehört ebenso zu der Sache, die es hervorgebracht hat, wie zur Tugend, wenn auch nicht auf die gleiche Weise: ein Schuh zum Beispiel ist ebenso ein Werk der Schusterkunst wie der Tätigkeit des Schusters, wenn also die Tugend der Schusterei und ein guter Schuster gegeben sind, wird der gute Schuhe das Werk beider sein«: *Eth. Eud.*, 1219a 19 ff.). Daher kann Aristoteles auch schreiben, »das *ergon* ist besser als die *hexis*«, und zugleich, in vollkommener Zirkularität, behaupten: »je besser die *hexis*, desto besser das *ergon*« (ebd., 1219a 6).

Es bleibt festzuhalten, dass der Habitus der logische Ort für die Entstehung einer Art Theorie der Subjektivität gewesen wäre. Melvilles Bartleby, der Mann also, der per definitionem die Fähigkeit zu schreiben besitzt, sie aber nicht ausüben kann, ist die vollkommene Chiffre für die Aporien der aristotelischen Ethik.

5. Vor dem Hintergrund der Aporien in der aristotelischen Ethik wird die scholastische Tugendlehre in ihrer Beziehung zum *officium* erst richtig verständlich. Die Annäherung von *officium* und Tugend, die, wiewohl schon bei Cicero und Ambrosius angelegt, die eigene Leistung der spätscholastischen Ethik darstellt, hat das Ziel, der Tugend durch die Regelung des Habitus und der Potenz Wirklichkeit zu verleihen. Der Behandlung der Tugenden ist in der *Summa* des Thomas daher eine Theorie des *habitus* (*S. th.*, I–II, qu. 49–54) vorangestellt, die auf systematische Weise die über das Werk des Aristoteles verstreuten Ansätze aufgreift und entwickelt.

Der Habitus stellt sich hier in erster Linie als die spezifisch menschliche Form der Potenz dar. Während die Potenzen in der Natur zu einer einzigen Handlung bestimmt sind (*secundum se ipsas sunt determinae ad unum*) und von daher keines Habitus bedürfen, um zum Akt übergehen zu können, vermag es die menschliche Potenz, auf verschiedene Weise und mit verschiedenen Zwecken zu operieren (*se habet ad multos*), und braucht folglich einen Grund, der sie zur Handlung ausrichtet. Dieser Grundsatz, der die menschliche Potenz, die in sich grundlegend unentschieden ist, auf die Handlung festlegt, ist der *habitus* (*ebd.*, qu. 49, art. 4). Aber der Habitus unterscheidet die menschliche Potenz noch aus einem anderen Grund von der natürlichen. Die Potenz eines natürlichen Agenten besteht immer und ausschließlich aus dem wirksamen Prinzip seiner Tätigkeit, wie man am Beispiel des Feuers sieht, das nur wärmen kann (*sicut in igne est solum principium activum calefaciendi*). Der Akt eines solchen Agenten kann niemals zu einem Habitus werden: »daher können die natürlichen Dinge sich nichts ab- oder angewöhnen (*et inde est quod res naturales non possunt aliquid consuescere vel dissuescere*)«. Die menschlichen Akte dagegen sind sowohl das aktive wie das passive Prinzip ihres Tuns, und in dieser zweiten Hinsicht bilden sie Habitus aus. Die Passivität ist also die besondere Grundlage des menschlichen *habitus*: »Denn alles, was passiv ist und von einem anderen bewegt wird, wird durch das Tun des Tätigen ausgerichtet. Darum wird aus wiederholten Tätigkeiten eine gewisse Beschaffenheit in den empfangenden und bewegten Vermögen erzeugt, die man Habitus nennt« (ebd., qu. 51, art. 2).
Thomas sieht den Habitus am treffendsten durch seine

wesentliche Verbindung zur Tätigkeit definiert. Er bejaht die Frage, »ob der Habitus eine Hinordnung auf die Tätigkeit besagt«, und führt dabei näher aus, dass jeder Habitus, sofern er sich auf eine Potenz bezieht, notwendigerweise auf den Akt hin ausgerichtet ist (*primo et principaliter importat ordinem ad actum*: ebd., qu. 49, art. 3). Aufgrund dieser wesentlichen Nähe zum Akt wird der Habitus als »erster Akt« (*actus primus*) bezeichnet, im Gegensatz zur Tätigkeit als *actus secundus* (ebd.). Einer Feststellung des Averroës folgend, nach der »der Habitus dasjenige ist, vermittels dessen man handelt, wenn man will«, wird er im Willen verortet. »So muss auch im Willen und in jeder Strebekraft etwas sein, wodurch sie eine Hinwendung zu ihrem Gegenstand bekommt. Sie bedarf daher zu dem, wohin sie schon aus der Natur der Potenz stark genug neigt, keiner sie dazu hindrängenden Beschaffenheit. Weil es aber zum Ziel des menschlichen Lebens notwendig ist, dass die Strebekraft eine Hinneigung zu etwas Bestimmten hat, auf das sie aus der Natur ihrer Potenz, das sich vielem und Verschiedenem gegenüber offen hält, nicht hinneigt, darum müssen im Willen und in den anderen Strebekräften gewisse hindrängende Beschaffenheiten sein, die Habitus genannt werden« (ebd., qu. 50, art. 5).
Die aporetische Verbindung zwischen dem Habitus und der Potenz, nicht zum Akt überzugehen, die den Schlafenden bei Aristoteles kennzeichnete, wird auf diese Weise ausgeklammert.

6. Diese konstitutive Ausrichtung des Habitus auf das Tun wird von der Tugendlehre weitergedacht und auf die Spitze getrieben. Gleich zu Beginn der Abhandlung über die

Tugenden in der *Summa* (*S. th.*, I–II, qu. 55–67) wird die Tugend vorbehaltlos – mit einem Wort, das an dasjenige (*operatorius*) erinnert, mit dem Ambrosius die Operativität des Wortes Christi bestimmt hatte – als »operativer Habitus« (*habitus operativus*) definiert. Gehen wir von der Tugend als einer Vervollkommnung der Potenz aus, und ist diese Potenz entweder Potenz zum Sein (*ad esse*), also den Körper betreffend, oder Potenz zum Tun (*ad agere*), also die Verstandesvermögen betreffend, so bezieht sich die menschliche Tugend einzig auf die Potenz zum Tun: »die menschliche Tugend, von der wir hier reden, kann nicht dem Leib angehören, sondern sie gehört nur dem an, was der Seele eigentümlich ist. Darum besagt die menschliche Tugend keine Ausrichtung auf das Sein, sondern mehr auf das Tun. Deswegen gehört es zum Wesen der menschlichen Tugend, operativer Habitus zu sein« (ebd., qu. 55, art. 2). Der thomistische Habitus ist, anders als die aristotelische *hexis*, schon auf das Tun hin ausgerichtet, und das Dispositiv der Tugend soll nun seine Zugehörigkeit zum Akt, in jedem Fall aber seine Wirksamkeit endgültig sicherstellen.

Da ein Habitus aber auch mit Bezug auf ein Schlechtes tätig sein kann, muss ein Weg gefunden werden, den tugendhaften Habitus als »gut« zu definieren. Im Vergleich zur einfachen Potenz, die sich ebenso auf das Gute wie auf das Schlechte richten kann, unterscheidet sich der gute Habitus vom bösen nicht darin, dass er etwas Gutes zum Gegenstand hat, sondern dass er sich im Einklang mit dem Wesen des Handelnden befindet (*habitus bonus dicitur qui disponit ad actum convenientem naturae agentis*: ebd., qu. 54, art. 3). Ebenso kann man sagen, dass die Tugend die Vervollkommnung einer Potenz meint, da aber das Schlechte nicht vervollkommnet werden kann, ist es gleichermaßen grundsätzlich »ungeeignet« (*omne malum defectum quemdam importat; unde et Dionysios dicit quod omne malum est infirmum:* ebd., qu. 55, art. 3). Wenn daher letztlich »jede Tugend auf das Gute ausgerichtet ist, ist auch die menschliche Tugend, die ein operativer Habitus ist, ein guter Habitus und ein Habitus, der Gutes wirkt [*bonus habitus et boni operativus*]« (ebd.).

Es geht hier nicht so sehr um die Kohärenz der Argumentation, aus der man sogar folgern könnte, dass nicht das Gute die Potenz definiert, sondern deren Vollkommenheit oder Unvollkommenheit bestimmen, was gut bzw. schlecht ist. Essentiell ist erneut die Wirksamkeit [effettualità] der Tugend, also der Umstand, dass sie den Habitus wirksam werden lässt. Das Gute der Tugend liegt in ihrer Wirksamkeit [effettualità], also darin, dass sie die Potenz zu ihrer Vervollkommnung ausrichtet und antreibt. Und diese besteht beim Menschen nicht im Sein, sondern im Tun, und nur durch das Tun kann der Mensch sich Gott angleichen: »Nicht die Tugend, die auf das Sein geht [*virtus ad esse*], ist die dem Menschen eigentümliche, sondern nur jene, welche auf die Werke der Vernunft geht, die dem Menschen eigentümlich sind. Da das Wesen Gottes sein Tun ist, erfolgt die höchste Angleichung des Menschen an Gott in der Tätigkeit. Darum besteht das Glück oder die Seligkeit, durch die der Mensch Gott am meisten gleichgeformt wird und welche das Ziel des menschlichen Lebens ist, in der Tätigkeit [*in operatione consistit*]« (ebd., qu. 55, art. 2).

7. Die nun folgende Bestimmung der Tugend (unter dem bezeichnenden Titel »Gibt es eine angemessene Definition der Tugend?«) wiederholt bereits Gesagtes, ohne sich mit den Problemen und Aporien auseinanderzusetzen, in die sich die Abhandlung verfangen hatte. Erneut wird auf das vollständig operative Wesen der Tugend und ihre unfehlbare Ausrichtung auf das Gute verwiesen; was der Tugend aber ihre Macht verleiht und was sie von der Sünde, dem anderen operativen Habitus unterscheidet, wird nicht erklärt: »Ziel der Tugend aber ist, da sie operativer Habitus ist, die Tätigkeit. Man muss indes beachten, dass von den operativen Habitus einige immer auf das Schlechte gehen, zum Beispiel die lasterhaften Habitus; einige bisweilen auf das Gute, bisweilen auf das Schlechte, so erstreckt sich die Meinung auf Wahres und Falsches; die Tugend aber ist ein Habitus, der sich immer auf Gutes richtet« (*S. th.*, I–II, qu. 55, art. 4).
Das Ziel der Tugend besteht auf der einen Seite in ihrem eigenen Wirken, auf der anderen aber bezieht sie sich, in ihrer Eigenschaft als Habitus, notwendigerweise auf das Wesen des Subjekts, mit dem sie übereinstimmen muss. In gewisser Weise scheint der Ausdruck »operativer Habitus« in sich widersprüchlich, da er sich zugleich auf die Ontologie (den Habitus) und die Praxis (die Operativität) bezieht. Durch die Tugend löst sich das Sein in Praxis auf, und das Tun verfestigt sich zum Sein (oder, in den Worten von Aristoteles, das, wodurch ein Mensch »gut wird«, ist zugleich das, wodurch er »sein Werk gut verrichtet«).
So gesehen weist die Bestimmung der Tugend eine größere Ähnlichkeit mit der Zirkularität auf, die die Wirklichkeit des *officium* ausmacht. Der Priester muss in seiner Eigen-

schaft als Priester sein Amt erfüllen und ist Priester dadurch, dass er sein Amt erfüllt. Und ebenso wie das Subjekt des liturgischen Akts nicht wirklich eines ist, weil es *ex opere operato* von Christus gehandelt wird, wird das Subjekt des Tugendakts vom operativen Habitus gehandelt, so dass Thomas schreiben kann, dass in der Tugend »Gott in uns ohne uns wirkt« (*Deus in nobis sine nobis operatur*: ebd.).

Es überrascht daher nicht, dass Tugend und Amt sich in der Person des Priesters fest miteinander verschränken. Abhandlungen über das Priesteramt sind von daher schon seit Ambrosius immer auch Abhandlungen über die Tugend des Priesters. Amt und Tugend sind im gleichen Kreislauf gefangen: Man ist gut (bzw. tugendhaft), weil man gut handelt, und man handelt gut, weil man gut (bzw. tugendhaft) ist.

8. Der Ort *par excellence*, an dem Tugend und Amt sich ineinander auflösen, ist die Theorie der *religio*. Hier, wo der *status religionis* als Tugend definiert wird, finden die liturgische Tradition des *officium* und die der moralischen Abhandlungen über die Tugenden in der Figur einer Tugend zusammen, deren wesentlicher Inhalt eine Pflicht ist, und in der eines *officium*, das in jeder Hinsicht als Tugend erscheint.

Betrachten wir die Behandlung der *religio* in der *Summa*, in der die »Religion« unter »den mit der Gerechtigkeit verbundenen Tugenden« aufgeführt wird (*S. th.*, II–II, qu. 80). Thomas beginnt mit einer knappen Analyse der Etymologie des Begriffs, die bei Isidor (der auf Cicero zurückgreift) auf *relegere* (*religiosus a religione appellatus qui retractat et tamquam relegit ea quae ad cultum Domini pertinent*) und bei Augustinus auf *religare* zurückgeführt wird (*a religando, ut Agostinus: religet nos religio uni omnipotenti deo*). In beiden Fällen bezeichnet die Religion eine besondere und ausschließliche Beziehung des Menschen zu Gott (*religio ordinat hominem solum ad Deum*) (ebd., qu. 81, art. 1).

Im Artikel 2 aber, in der Antwort auf die Frage, »ob die Religion eine Tugend ist«, wird zum ersten Mal die wesentliche Verbindung von Tugend und Pflicht hergestellt. Wenn die Tugend, gemäß der aristotelischen Definition, »das ist, was ihren Träger und dessen Werke gut macht [*virtus est quae bonum facit habentem et opus eius bonum reddit*]«, dann gehört jede gute Tat notwendigerweise zur Tugend. Und da es allem Anschein nach gut ist, jemandem das zu geben, was ihm geschuldet ist (*reddere debitum alicui*), ist die Religion, die darin besteht, Gott die ihm geschuldete Ehre zu erweisen (*reddere honorem debitum Deo*), eine Tugend *par excellence.*

Auf den Einwand, dass die Tugend einen freien Willen voraussetze und keine Verpflichtung, wie sie den Dienst des Menschen an Gott ausmacht, erwidert Thomas: »auch der Sklave kann freiwillig das tun, wozu er seinem Herrn gegenüber verpflichtet ist, und so aus einer Notwendigkeit eine Tugend machen [*et sic facit de necessitate virtutem*]; ebenso kann es ein Tugendakt sein, Gott den ihm geschuldeten Dienst [*debitam servitutem*] zu leisten« (ebd., qu. 81, art. 2). Und »da ihr Tun direkt und unmittelbar auf die Ehrbezeugung Gottes gerichtet ist, steht die Religion vor den anderen moralischen Tugenden [*praeminet inter alias virtutes morales*]« (ebd., qu. 81, art. 6).

Das bemerkenswerte praktische Paradigma, das hier aufgestellt wird, scheint in gewisser Hinsicht das Vorbild der kantischen und vorkantischen »Tugendpflicht« zu sein und sollte näher bedacht werden. Im Begriff einer Tugend, deren einziger Gegenstand ein *debitum* ist, eines Seins, das gänzlich mit einem Sollen übereinstimmt, fallen Tugend und *officium* vollständig zusammen. Das »Sollen« also ist das Dispositiv, das es den Theologen erlaubt, die Zirkularität von Sein und Tun aufzulösen, in der die Tugendlehre gefangen war. Die Tat, die dank der Neigung des tugendhaften Habitus zur Tätigkeit ausgeführt wird, ist in Wirklichkeit zugleich die Befolgung einer Pflicht. Wenn der Gläubige im Wortsinne »aus der Notwendigkeit eine Tugend« macht, dann ist er zugleich zur Pflicht geneigt und zur Tugend verpflichtet.

9. Die Entwicklung des Begriffs »Andacht«[1] ermöglicht uns einen Einblick in den Prozess, der die Traditionen der Liturgie und der Ethik zusammenführt. Die Theologen haben ihre Kenntnis des heidnischen Ursprungs der *devotio*, durch die ein Befehlshaber sein eigenes Leben den Göttern der Unterwelt weihte, um den Sieg in einer Schlacht zu erbitten, nie verheimlicht. Noch Thomas weiß zu berichten, dass *olim, apud gentiles, devoti dicebantur qui se ipsos idolis devovebant in mortem pro sui salute exercitus* (*S. th.*, II–II, qu. 82, art. 1), und dass daher »andächtig diejenigen ge-

1 A. d. Ü.: Das vom lateinischen *devotio* abgeleitete italienische *devozione* lässt sich sowohl mit Andacht als auch mit Hingabe übersetzen. Im Folgenden werden die beiden Begriffe, je nach Kontext, synonym verwendet.

nannt werden, die sich Gott so hingeben, dass sie sich ihm vollständig unterwerfen«. Und dennoch beginnt schon bei Laktanz und Tertullian die Verwandlung des Begriffs *devotio*, der, im Gegensatz zum *votum*, das seine ursprüngliche technische Bedeutung beibehält, zunehmend sowohl die Kulthandlungen des Gläubigen wie die innere Haltung bezeichnet, mit der sie ausgeführt werden. Die Gelehrten der Casel'schen Schule, die die Verwendung des Begriffs in den ersten Sakramentaren untersucht haben, sprechen daher von zwei Bedeutungen, einer moralischen und einer liturgischen (so bezeichnet bei Leo dem Großen *devotio* bisweilen schlicht die Eucharistiefeier: vgl. Daniels, S. 47). In Wirklichkeit sollte man nicht von zwei Bedeutungen, sondern von zwei Aspekten der gleichen Bedeutung sprechen, einem äußeren und praktischen und einem psychologischen und inneren. Jenseits der liturgischen Texte im engeren Sinne benennt der Begriff, besonders im klösterlichen Umfeld, in der Tat immer häufiger die bedingungslose innere Hingabe, die die äußerlichen Handlungen des religiösen Lebens begleiten, und wird in diesem Sinne als Tugend angesehen. In den *Institutis coenobiorum* des Cassianus bezeichnet die Andacht nicht nur die vollständige Entsagung, mit der die monastischen Offizien vollzogen werden (*quae explere tanta devotione et humilitate*: Cassianus, S. 146), sondern sie wird, als solche, auch an der Seite von Glauben und Gerechtigkeit unter die Tugenden gezählt (ebd., S. 438: *tantae iustitiae, tantae virtutes, tanta fides devotio*).

Es überrascht daher nicht, dass die Behandlung der Andacht bei Thomas unmittelbar auf die der *religio* folgt. Sie ist eine der inneren Handlungen der Religion und bezeichnet in diesem Sinne die *prompta voluntas*, den ernsthaften Eifer im und die Bereitschaft zum Vollzug des Gottesdiensts: »Es gehört zur selben Tugend, etwas zu tun oder die Bereitschaft dazu zu haben … Es eignet der Religion, das zu tun, was zum Gottesdienst gehörig ist, folglich auch der Willen dazu, und das heißt andächtig zu sein [*quod est esse devotum*]« (*S. th.*, II–II, qu. 82, art. 2). Ebenso wie in der *religio*, zu der sie gehört, wird das *officium* also in der Andacht unmittelbar zur Tugend.

10. Das Problem der *religio*-Tugend, dem Thomas in der *Summa* nur eine Frage widmet, wird bei Suárez Gegenstand einer ganzen Abhandlung in drei Büchern. Wie es der gewohnten Strategie des spanischen Theologen entspricht, ist *De natura et essentia virtutis religionis* nicht bloß ein minutiöser und texttreuer Kommentar der *Summa*, sondern deren konsequente und kaum merkliche Verlegung in einen anderen juridisch-systematischen Zusammenhang. Dabei wird aus dem Begriff des *debitum*, den Thomas nur umrissen hatte, die formale Definition der Religion und der Kern, um den herum das gesamte Traktat angeordnet ist.
Schon im Vorwort wird nicht die theoretische Analyse der Essenz der *religio* zum Ziel der Abhandlung erklärt, sondern die praktische und juridische Darlegung des *debitum*, das in ihrem Mittelpunkt steht. So wie die göttliche Weisheit sich nicht darauf beschränkt, den Geist durch Erkenntnis zu erleuchten, sondern dem Willen auch eine Regel an die Hand gibt, wäre auch die Theologie weniger trefflich, wenn sie sich darauf beschränkte, den Geist zu erhellen, ohne die Sitten zu lenken (*si mentem illustraret,*

non mores dirigeret). »Daher«, schließt Suárez, »blieb mir nur, mich an die Darlegung dieser Fragen zu machen, auf dass sie uns lehren mögen, Gott den Kultus angedeihen zu lassen, der ihm geschuldet ist [*quae nos Deo debitum cultum edocerent*]« (Suárez, S. 1).

Den Zitaten von Isidor und Augustinus, auf die sich Thomas zur etymologischen Herleitung des Begriffs *religio* bezieht, stellt Suárez eines von Laktanz zur Seite, in dessen Mittelpunkt der rechtliche Begriff des *vinculum* steht, das den Menschen an Gott bindet (*religionem dictam esse a illo vinculo naturali, quo Deo obligamur*). Die Definition der Religion, die darauf folgt, vereint Pflicht und Habitus in dem Begriff einer Tugend, die zugleich ein *officium* ist: »Der Name der Religion lässt sich so richtig erklären: da das vernunftbegabte Geschöpf aus natürlicher Schuldigkeit und gegebener Neigung daran gebunden ist, seinem Schöpfer einen Kultus einzurichten, wird sie durch eine freiwillige Entscheidung und den dazugehörigen Habitus erneut gebunden [*religatur*]. Daher kann sich die Tugend, die dieses *officium* ausfüllt, *religio* nennen« (ebd., S. 5).

Dank dieser Übereinstimmung von Tugend und Pflicht kann das *debitum* in den folgenden Kapiteln als »Definition und formales Objekt« (*ratio et objectum formale*) der Religion bestimmt werden. Was die *religio* als Tugend ausmacht, ist also nicht einfach der Umstand, dass durch sie Gott Kultus und Verehrung dargebracht werden, sondern dass ihm diese nur dargebracht werden, *sofern sie geschuldet sind*: »Aufgabe der Gerechtigkeit ist es, das Geschuldete zu erbringen, aber die Religion gehört zur Gerechtigkeit ... daher gehören Verehrung und Kultus nur zur Religion, sofern sie geschuldet sind [*honor et cultus Dei non cadit in religione, nisi ut ei debitus*]« (ebd., S. 21). Daher unterstreicht Suárez gegenüber denjenigen, die zwischen einer religiösen Pflicht (die man Gott nur aufgrund seiner Vorzüglichkeit schuldet) und einer rechtlichen Pflicht (die auch aus einer gesetzlichen Regel folgt) unterscheiden, die rein gesetzliche Natur des *debitum religionis*: »die Religion gibt Gott den Kultus, der ihm aus seinem Recht heraus geschuldet ist [*iure proprio illi debitum*], und die Pflicht, die sie erfüllt, ist nicht auf unbestimmte Weise moralisch, sondern rechtlich und ihm eigen [*non utcumque morale sed proprium et legale*]« (ebd., S. 22). In der Vorstellung eines Seins, das vollständig in einer Schuldigkeit aufgeht, in einem Sollen, fallen Recht und Religion notwendigerweise zusammen.

11. Zwei Stellen im Text von Suárez interessieren uns in besonderer Weise. Die erste ist diejenige, an der er die rechtliche Beschaffenheit der Bindung, die in der *religio* den Menschen mit Gott zusammenbringt, mit dem Begriff »Achtung« beschreibt (*reverentia* – das gleiche Wort, für das Kant in der *Metaphysik der Sitten* Achtung* verwendet, um damit das »nicht empirische Gefühl« zu beschreiben, das der Mensch gegenüber dem Gesetz empfindet). Die Achtung entspricht nicht der Gehorsamkeit, denn während Erstere die Vorzüglichkeit der Person betrifft (*directe respicere personam excellentem*), bezieht sich Letztere nur auf die konkrete Norm, die von ihr erlassen wird (*personae excellentis praeceptum*: Suárez, S. 13). Wenn man sich bewusstmacht, dass für Suárez die religiöse Pflicht rechtlichen Charakter hat, erscheint die Feinsinnigkeit umso bemerkenswerter, mit der er die Achtung (die sozusagen dem Gesetz als solchem *propter excellentiam* geschuldet ist, unabhängig vom konkreten Inhalt der einzelnen Normen) von der Gehorsamkeit unterscheidet, die nur einen bestimmten normativen Gehalt betrifft. Die Religion ist diejenige Tugend, die sich auf Gott vermittels einer Pflicht bezieht, die nicht aus einer Norm, sondern aus der Achtung gegenüber dem Gesetz als solchem – oder vielmehr dem Gesetzgeber – abgeleitet ist.

Die zweite Stelle ist diejenige, an der Suárez die religiöse Pflicht als »unendliche Schuldigkeit« definiert. Im Unterschied zu den anderen menschlichen Pflichten kann diese Schuldigkeit nicht ein für alle Mal erledigt werden, weil sie ihrem Wesen nach grenzenlos ist: »Es kann eben nicht vorkommen, dass sich die Materie und die Schuldigkeit der Religion erschöpft [*exhauriri possit*], denn es eignet dieser Tugend, dass ihre Schuldigkeit nie getan, man nie von ihr befreit sein kann [*impleri solutione*], einerseits, weil es sich um eine in gewisser Weise grenzenlose Schuldigkeit handelt [*debitum quodammodo infinitum*], andererseits, weil sie durch ihre Erfüllung weiter anwächst und der Mensch daraus einen noch größeren Nutzen zieht. Das kommt in der Gerechtigkeit gegenüber Menschen, deren Schuldigkeit mit der Erfüllung getan ist, nicht vor, damit die Gerechtigkeit nicht noch weiter ausgestellt werde. Durch die religiöse Betätigung dagegen kann der Mensch nie die Schuldigkeit erledigen, die er gegenüber Gott hat« (ebd., S. 22).

In der Figur einer Tugend, die ihre Schuldigkeit nicht vollständig tun kann, tritt in der abendländischen Ethik zum ersten Mal die – den Modernen so wichtige – Vorstellung einer grenzenlosen Aufgabe bzw. Pflicht auf. Wie Kant fast zwei Jahrhunderte später schreiben wird: »Die Tugend ist immer im Fortschreiten und hebt doch auch immer von vorne an. – Das erste folgt daraus, weil sie, objektiv betrachtet, ein Ideal und unerreichbar, gleichwohl sich ihm beständig zu nähern dennoch Pflicht ist« (Kant I, S. 541, A 53).[1]

Hier wird deutlich, dass die Vorstellung eines »Sollens« weder bloß ethisch oder bloß ontologisch ist: vielmehr bindet sie auf aporetische Weise Sein und Praxis in der musikalischen Struktur einer Fuge aneinander, in der das Tun das Sein nicht nur deshalb übersteigt, weil es ihm ständig neue Regeln auferlegt, sondern auch und vor allem deshalb, weil das Sein vollständig aus reiner Schuldigkeit besteht.

12. In der Genealogie des Pflichtbegriffs nimmt der Brief Samuel Pufendorfs an Christian Thomasius vom 17. Juli 1688 einen besonderen Platz ein. Hier finden wir den Grundsatz, wonach die Ethik sich nicht am Leitbegriff der Tugend, sondern der Pflicht ausrichten soll, zum ersten Mal deutlich, wenn auch beiläufig formuliert. »Sonsten halte ich«, schreibt Pufendorf seinem Freund, »bey vernunftigen leuten für ein starck argument, daß man die morale nach den undecim virtutibus Aristotelicis nicht einrichten soll, wenn ich demonstrirn kan, daß sie nur auf gewiße art von republiquen paßen. Und ist in universum meine meinung, daß man die morale nicht secundum virtutes, sed secundum officia einrichten und tractiren soll« (Pufendorf 1, S. 196 f.).

1 Die erste Seitenzahl bezieht sich auf die in der Bibliographie angegebene Ausgabe, die zweite auf die der 1797 erschienen Erstausgabe.

Da dieser Satz den Eintritt der Idee der Pflicht in die moderne Ethik markiert, scheint es nützlich, sich mit dem Kontext seines Auftretens vertraut zu machen. Der Einwand gegen die Tugenden wird in zwei Momenten vorgebracht, einem spezielleren und einem allgemeinen (*in universum*). Der erste bezieht sich darauf, dass, wie Pufendorf im unmittelbar vorhergehenden Brief vom 19. Juni geäußert hatte, Aristoteles bei der Ausarbeitung seiner Ethik nur die griechischen Demokratien im Sinn hatte, die er für die beste Staatsform hielt. Hierauf folgt die allgemeinere Feststellung, dass die Ethik nicht anhand der Tugenden, sondern der Pflichten behandelt werden sollte.

Es ist charakteristisch für die Briefe Pufendorfs, dass sie wie eine Reihe von Abschweifungen (die stets von einem knappen sonsten* eingeleitet werden) erscheinen, die zumindest auf den ersten Blick keinerlei Verbindung zueinander haben. In diesem Fall besteht der unmittelbar vorhergehende Passus, von dem sich der folgende mit der Wendung sonsten* absetzen sollte, aus einer drastischen Kritik der Philosophie Spinozas. Pufendorf, der im Brief vom 19. Juni seine Begegnung mit dem Philosophen erwähnt und diesen »leichtfertiger vogel, deorum hominumque irrisor« nennt, der »das novum Testamentum und Alcoran in einem band zusammen gebunden« (ebd., S. 195) hatte, zeigt, dass er mit dessen Werk wohl vertraut ist, indem er als Grund, warum dieser »ein unerschämter atheist« sei, den Begriff der immanenten Ursache nennt: »Wiewohl wenn er Deum causam immanentem omnium rerum nennet, er nichts anders saget, als was vorlengst Orpheus beym Aristotele und Apuleio de mundo, und Virgilius l. VI. Aneneid gesagt« (ebd., S. 196).

Die drei genannten Textstellen (vor allem die letzten beiden) enthalten in keinerlei Weise eine Leugnung der Existenz Gottes, sondern eine radikale Formulierung des Pantheismus (*omnia Iove plena esse*, in den Worten des Apuleius, *De Mundo*, 34; das Vergil-Zitat verweist auf das berühmte *spiritus intus alit, totamque infusa per artus / mens agitat molem et magno se corpore miscet*: *Aen.*, 6, 724–27). Als Atheist wird im philosophischen Diskurs der Zeit nicht derjenige bezeichnet, der die Existenz Gottes bestreitet, sondern derjenige, der die göttliche Weltregierung leugnet, also die Vorsehung. In diesem Sinne konnte Leibniz von Spinoza sagen, dass er wirklich ein Atheist sei, das heißt, dass er die Existenz einer Vorsehung abstreite, die Gutes und Böses nach den Maßstäben der Gerechtigkeit verteilt. Vielleicht also gibt es ein Verhältnis zwischen der Kritik an Spinoza und der Betonung der zentralen Rolle des *officium* für die Ethik, die es nun zu untersuchen gilt.

13. Im Jahr 1673 veröffentlicht Pufendorf das *De officio hominis et civis*, in dem er die Ergebnisse seines Meisterwerks *De iure naturae et gentium* (1672) in Bezug auf den Begriff *officium* zusammenfasst und zugleich das im Brief an Thomasius erwähnte Vorhaben einer an den Pflichten statt an den Tugenden ausgerichteten Ethik ausführt. Im Buch von 1672 hatte er die Sphäre der ethisch-rechtlichen Phänomene als *entia moralia* bezeichnet, also – mit einem Begriff, der ausgerechnet vom Atheisten Spinoza entliehen ist – als »Modi«, die die physischen Gebilde ergänzen, »um die Freiheiten menschlichen Tuns zu leiten und zu mäßigen und dem menschlichen Leben Ordnung und Schicklichkeit zu verleihen«. (Pufendorf 3, S. 14) Wie die physischen

Gebilde einen Raum voraussetzen, in dem sie bestehen und sich bewegen können, kommt den moralischen Gebilden eine Stellung (*status)* zu, »in dem sie ihre Handlungen und ihre Wirkungen ausüben«. Die Tätigkeit der moralischen Körper (insbesondere der Personen) im Bereich der »Stellung« wird durch ihre *imputativitas* bestimmt, dadurch also, dass sie und ihre Wirkungen den Handelnden zugewiesen werden können und müssen. Die Verpflichtung, die aus diesen Handlungen entsteht, entspricht nicht einem äußeren Zwang, sondern durchdringt den Willen des Handelnden, wie eine Art intrinsisches moralisches Verständnis (*obligatio vero moraliter voluntatem afficiat et peculiari quasi sensu eandem intrinsece imbuat*: ebd., S. 72), das ihn dazu führt, sich den Vorgaben der Norm zu fügen.
Im *De officio* bezeichnet der Begriff »Pflicht« (*officium*) das menschliche Tun, sofern es der aus dem Naturgesetz abgeleiteten Verpflichtung folgt (*officium … vocatur actio hominis, pro ratione obligationis ad praescriptum legis recte attemperata:* Pufendorf 1, S. 13). Das grundlegende Prinzip des Naturgesetzes, an dem sich das *officium* ausrichten muss, ist die *socialitas*, die folgendermaßen beschrieben wird: »daß ein jeder Mensch / so viel an ihn ist / sich dasjenige / so zu geruhiger Erhaltung / und Aufnahme der menschlichen Gesellschafft gereichet / angelegen seyn lassen solle [*cuilibet homini quantum in se colendam et servandam societatem*]« (ebd., S. 23, S. 126).[1] Um diese Vor-

1 Der deutsche Text entspricht der von Pufendorf selbst angefertigten Übersetzung, die sich im gleichen Band der Werkausgabe befindet. Die erste Seitenangabe bezieht sich auf den lateinischen, die zweite auf den deutschen Text.

schrift zu begründen und ihr Gesetzeskraft zu verleihen, braucht Pufendorf nicht bloß einen Gott, sondern einen transzendenten Gott, der die Welt durch seine Vorsehung regiert: »damit sie zur voelligen Gesetz-Krafft gedeyen koennen [*vim legis obtineat*] / nothwendig zu praesupponiren / daß ein GOtt sey / welcher durch seine Goettliche Vorsehung alles regire [*deum esse et sua providentia omnia regere*]« (ebd.). Im Unterschied zu den anderen Geschöpfen ist der Mensch nämlich so beschaffen, dass er als menschliches Wesen ohne die Gesellschaft nicht überleben kann (*citra sociabilem vitam*): »so verstehets sich von selbst / daß der Mensch deroselben Observans, als einen solchen Mittel / das von seiner willkuerlichen Erfindung keineswegs herruehret / und dannenhero auch nach seinen Gefallen nicht endern stehet / sondern von GOtt / zu Behauptung dieses Zwecks / ausdruecklich verordnet worden / steiff und feste verbunden sey« (ebd.). Daher besteht zwischen der Behauptung, dass Gott nicht existiere, und der Behauptung, dass Gott sich nicht um die Belange der Menschen sorge, kein Unterschied: »sintemal durch beyderley aller GOttes-Dienst aufgehoben wird [*cum utrumque omnem religionem plane tollat*]« (ebd., S. 25, S. 129). Es gibt also eine Verbindung zwischen der Kritik am Spinozismus und der Aufstellung der Pflicht als grundlegender Kategorie der Ethik: Es geht in beiden Fällen darum, den Zusammenhang zwischen göttlicher Weltregierung und Zurechenbarkeit menschlicher Handlungen zu betonen. Die Dreiteilung der Pflichten in Pflichten gegenüber Gott, gegenüber sich selbst und gegenüber anderen bestätigt diesen Zusammenhang. In seiner Scharnierstellung zwischen menschlicher *socialitas* und göttlicher Vorsehung ermöglicht und gewährleistet das *officium* die Wirksamkeit der Regierung.

א Die besondere Leistung von Pufendorfs Werk liegt darin, die Tradition der Naturrechtslehre in die Vorstellung des *officium* eingebracht zu haben. Vor ihm hatte es bereits Hobbes im Vorwort zu *De cive* als Ziel seiner Abhandlung ausgegeben, die »Pflichten [*officia*] der Menschen, zuerst in ihrer Eigenschaft als Menschen, dann als Bürger« zu definieren, und schon der Titel von Pufendorfs Buch dürfte als Zusammenfassung dieses Programms zu verstehen sein. Wie aber Strauss bereits in einer Rezension aus dem Jahre 1933 und dann in seinen 1936 erschienenen *Bemerkungen über die politische Wissenschaft des Hobbes* gezeigt hat, ersetzt Hobbes den Begriff der Pflicht in Wirklichkeit durch den des Rechts (das Recht auf den Erhalt des Lebens, das nicht auf einer göttlichen Regel gründet, sondern auf der Angst der Menschen vor dem gewaltsamen Tod). Dieses Recht freilich kann sich mitunter auch als eine Pflicht darstellen, wie es bisweilen selbst bei Strauss geschieht: »Hobbes sieht *den* Grund der Pflicht in der Furcht vor dem gewaltsamen Tod« (Strauss, S. 258).

א Bei Jean Domat ist die Formulierung des Rechts in den Begriffen der Pflicht bereits abgeschlossen. Das *devoir*, als das der große französische Jurist am Beginn seiner Abhandlung über das öffentliche Recht (1697) die Grundlage der *police générale d'un Etat* definiert, benennt letztlich aber nichts anderes als das *officium*, dessen Genealogie wir zu rekonstruieren versucht haben. »*Tout le monde sait*«, so schreibt er, »*que la société des hommes forme un corps dont chacun est membre, et cette vérité que l'Ecriture nous apprend et que la lumière de la raison nous rend évidente, est le fondement de tous les devoirs qui regardent la conduite de chacun envers tous les autres et envers le corps. Car ces sortes de devoirs ne sont autre chose que les fonctions propres aux engagements où chacun se trouve par le rang qu'il tient dans ce corps*« (Domat, S. 2). Daher ist der Begriff *devoir* bei Domat eng mit der *conduite* verbunden: das Leben und Handeln der Menschen wird stets »geführt«, ist also Gegenstand einer Führung und einer Regierung.

14. Es dürfte mittlerweile klargeworden sein, dass das Paradigma des Amts[1] nirgendwo deutlicher und aporetischer formuliert wird als in der kantischen Ethik. Da hier sicher nicht der Ort für eine eingehende Untersuchung der kantischen Ethik im Hinblick auf das Amt ist, werden wir uns darauf beschränken, auf die offensichtlichsten Verbindungen hinzuweisen, deren genauere Ausarbeitung anderen vorbehalten ist.

In der *Metaphysik der Sitten* von 1797, dem letzten Werk, das Kant den Fragen der Moral gewidmet hat, werden diese Verbindungen auch auf der begrifflichen Ebene sichtbar. In den Mittelpunkt seiner Untersuchung stellt Kant hier den Begriff der »Tugendpflicht«, also eines »Zwecke[s], der zu-

1 A. d. Ü.: Das Italienische *ufficio* steht hier für Amt ebenso wie für Pflicht. Bei Kant ist von der Pflicht die Rede; die Untersuchung als solche aber steht im Kontext der Archäologie des Amts, weshalb hier Amt, im Folgenden mitunter Pflicht übersetzt wird.

gleich Pflicht ist« (Kant 1, S. 511, A 7).[1] Durch eine Gleichsetzung von Pflicht und Tugend soll die Ethik mit einem Tun in Einklang gebracht werden, dessen Zweck und Triebfeder allein die Pflicht ist. Aber genau das macht auch das Paradigma des Amts aus, besonders im Fall seiner deutlichsten Erscheinungsform, der *religio*, in der, wie wir gesehen haben, die Tugendlehre unverbrüchlich mit dem liturgischen Amt verbunden ist und so das Vorhaben einer auf die Pflichten gegründeten Ethik ermöglicht, das schon bei Pufendorf deutlich formuliert wird. Die gesamte theologische Tradition, die wir untersucht haben, von Ambrosius bis Suárez, führt letzten Endes zu einem Bereich der Ununterscheidbarkeit von Tugend und Pflicht, und die kantische Ethik mit ihrer »Tugendpflicht« ist die vollendete Verwirklichung dieses Vorhabens. Es soll hier aber nicht dessen unmittelbare Herkunft dargelegt (die Idee einer »Pflicht der Tugend« wurde schon von Crusius und Meier deutlich formuliert, und Kant musste dafür nicht auf die Theorie der *religio* bei Suárez zurückgreifen), sondern deutlich gemacht werden, dass die Kirche vermittels einer Jahrhunderte währenden Theorie und Praxis das Amt, verkörpert im Amt des Priesters und davor im Priestertum Christi, als Modell für das höchste menschliche Tun aufgestellt hatte, und damit der abwegigen Vorstellung einer nur aus Pflicht (also auf Anordnung und nicht aus natürlichem Antrieb) vollzogenen Handlung den Weg in die Ethik gebahnt hat. Die »Tugendpflicht« ist in diesem Sinne also nichts anderes als eine Definition des

1 Die erste Seitenzahl bezieht sich auf die in der Bibliographie angegebene Ausgabe, die zweite auf den zweiten Band der 1797 in erster Auflage in Königsberg erschienenen Originalausgabe.

frommen Lebens, das Kant durch seine pietistische Erziehung verinnerlicht hatte.

א In seiner *Anweisung vernünftig zu leben* (1744) hatte Crusius den Begriff der Tugendpflicht folgendermaßen definiert: »der Grund der moralischen Nothwendigkeit liegt in einem Gesetze und in unserer Schuldigkeit, dasselbige zu erfüllen; so will ich dergleichen Pflicht eine Pflicht der Tugend nennen« (Crusius, S. 201).

15. Während im Offizium Christus die Wirksamkeit [effettualità] des liturgischen Tuns *ex opere operato* gewährleistet, übernimmt bei Kant das Gesetz die Rolle Christi und garantiert die Wirksamkeit [effettualità] der Pflicht. In der *Grundlegung zur Metaphysik der Sitten* wird die Pflicht daher als »Notwendigkeit meiner Handlungen aus reiner Achtung fürs praktische Gesetz« (Kant 2, S. 43, S. 20)[1] definiert. Kant wird nicht müde, die essentielle Verbindung von Pflicht und Gesetz zu betonen: »Der Pflichtbegriff steht unmittelbar in Beziehung auf ein Gesetz« (Kant 1, S. 519, A 19); daher ist »der Pflichtbegriff ... an sich schon der Begriff von einer Nötigung (Zwang) der freien Willkür durchs Gesetz« (ebd., S. 508, A 2).
Da der Zwang, der im moralischen Gesetz am Werk ist, im Gegensatz zum Recht keine äußerliche Kraft ist, sondern ein Selbstzwang, der den Widerstand der natürlichen Neigungen überwinden muss, benötigt Kant ein Dispositiv,

1 Die erste Seitenzahl bezieht sich auf die in der Bibliographie angegebene Ausgabe, die zweite auf die der 1786 in zweiter Auflage in Riga erschienene Originalausgabe.

das den Selbstzwang der moralischen Pflicht wirksam werden lässt. Dieses Dispositiv ist die Achtung (*reverentia*), also das gleiche Band, das auch bei Suárez Mensch und Gott in der *religio* unmittelbar miteinander vereint.

Bei der Einführung des Begriffs der Achtung, den er als Gegenstück zum Gesetz im Subjekt definiert, in die *Grundlegung zur Metaphysik der Sitten* scheint Kant sich seiner Sache so wenig sicher gewesen zu sein, dass er ihm eine lange Fußnote hinzufügt, in der er sich bemüht, möglichen Einwänden gegen dieses »dunkele Gefühl« zuvorzukommen, dessen Herkunft aus der Sphäre der Theologie ihm doch bewusst gewesen sein muss. »Man könnte mir vorwerfen, als suchte ich hinter dem Worte Achtung nur Zuflucht in einem dunkelen Gefühle, anstatt durch einen Begriff der Vernunft in der Frage deutliche Auskunft zu geben« (Kant 2, FN S. 40, S. 16). Seine vernunftgemäßen Erläuterungen laufen aber Gefahr, noch dunkler auszufallen als das »Gefühl«, das sie erhellen sollten. Tatsächlich ist dieses, im Gegensatz zu den anderen Gefühlen, nicht auf eine Neigung oder auf Furcht zurückzuführen, also kein »empfangenes« (oder pathologisches), sondern ein »durch einen Vernunftbegriff selbstgewirktes« Gefühl (ebd.). Auch in der *Kritik der praktischen Vernunft* wird diese ungewöhnliche Herleitung verwendet, hier heißt es, die »Achtung fürs moralische Gesetz [ist] ein Gefühl, welches durch einen intellektuellen Grund gewirkt wird« und daher das einzige Gefühl, »welches wir völlig *a priori* erkennen« (Kant 3, S. 120, S. 130[1]). Ein solches

1 Die erste Seitenzahl bezieht sich auf die in der Bibliographie angegebene Ausgabe, die zweite auf die der 1788 in Riga erschienenen Erstausgabe.

Gefühl *a priori* ist in Wirklichkeit gar kein Gefühl, sondern »das Bewußtsein der *Unterordnung* meines Willens unter einem Gesetze (Kant 2, FN S. 40, S. 16). Es ist also schlicht die Anerkennung von und Folge aus der Unterwerfung unter ein Gebot, das sogar die Form des Gesetzes bestimmt: »Nur das, was bloß als Grund, niemals aber als Wirkung mit meinem Willen verknüpft ist, was nicht meiner Neigung dient, sondern sie überwiegt, wenigstens diese von deren Überschlage bei der Wahl ganz ausschließt, mithin das bloße Gesetz für sich, kann ein Gegenstand der Achtung und hiemit ein Gebot sein« (ebd., S. 38 f., S. 14 f.); »was ich unmittelbar für mich als Gesetz erkenne, erkenne ich mit Achtung … Die unmittelbare Bestimmung des Willens durchs Gesetz und das Bewußtsein derselben heißt *Achtung*, so daß dieses als *Wirkung* des Gesetzes aufs Subjekt und nicht als *Ursache* desselben angesehen wird« (ebd., FN S. 40, S. 16).

Ebenso wie die *reverentia* bei Suárez nicht an eine konkrete Norm (*praeceptum personae excellentis*) gebunden ist, sondern an die Vorzüglichkeit der Person als solcher (*persona excellens*), bezieht sich die Achtung nicht auf ein konkretes Gebot, sondern auf das Gesetz im allgemeinen, dessen Befolgung zur einzigen Triebfeder des Tuns werden muss: »Da ich den Willen aller Antriebe beraubt habe, die ihm aus der Befolgung irgendeines Gesetzes entspringen könnten, so bleibt nichts anderes als die allgemeine Gesetzmäßigkeit der Handlungen überhaupt übrig, … d. i. ich soll niemals anders verfahren, als so, *daß ich auch wollen könne, meine Maxime solle ein allgemeines Gesetz werden*« (ebd., S. 40, S. 17).

16. Im ersten Teil der *Metaphysik der Sitten* definiert Kant die Beschaffenheit von Zwang und Pflicht ausgehend vom Recht mit dem Begriff einer äußeren Nötigung und überträgt diese Definition gleich darauf in der Form des Selbstzwangs in die Moral. Die Struktur des Imperativs und der Pflicht, die in der Definition angeführt wird – die Nötigung der freien Willkür durch ein Gesetz –, bleibt jedoch die gleiche, unabhängig davon, ob diese von außen (rechtlicher Zwang) oder von innen (ethischer Zwang) herrührt (Kant 1, S. 508 f., A 2–4).
Das Paradox des Selbstzwangs, der durch die folgenreiche Einführung des Konzepts der Willkür erst nötig wird, liegt darin, dass er zugleich die objektive Form der Nötigung und die subjektive der Triebfeder haben muss: »Da aber der Mensch doch ein *freies* (moralisches) Wesen ist, so kann der Pflichtbegriff keinen anderen als den *Selbstzwang* (durch die Vorstellung des Gesetzes allein) enthalten, wenn es auf die innere Willensbestimmung (die Triebfeder) angesehen ist, denn dadurch allein wird es möglich, jene *Nötigung* (selbst wenn sie eine äußere wäre) mit der Freiheit der Willkür zu vereinigen, wobei aber alsdann der Pflichtbegriff ein ethischer sein wird« (ebd., S. 509, A 3 f.). In der *Kritik* wird die ethische Pflicht, die »Tugendpflicht«, als diejenige Pflicht definiert, die, vermittels der Achtung, zugleich auch eine Triebfeder ist: »Der Begriff der Pflicht fordert also an der Handlung, *objektiv*, Übereinstimmung mit dem Gesetze, an der Maxime derselben aber, *subjektiv*, Achtung fürs Gesetz als die alleinige Bestimmungsart des Willens durch dasselbe« (Kant 3, S. 131 f., S. 144). Genau aus diesem Grund aber muss Kant, zur Bestimmung des *monstrum* aus einer Pflicht, die zugleich eine Triebfeder ist, und

einer Willkür, die sich vom Gesetz umstandslos bestimmen lässt, die Modalverben auf paradoxale Weise miteinander verbinden: der Mensch muss »sich vermögend urteilen …: nämlich das zu *können*, was das Gesetz unbedingt befiehlt, daß er tun *soll*« (Kant 1, S. 509, A 4). Die ethische Pflicht ist »das können, was man muss«. In der *Grundlegung* wird diese paradoxale Verbindung am deutlichsten ausgedrückt: Wenn alle Imperative, rechtliche wie moralische, Ausdruck eines Sollens sind, so ist nur dasjenige Sollen wirklich ethisch, das die Form eines »man muss wollen können« annimmt: »Man muss *wollen können*, dass eine Maxime unserer Handlung ein allgemeines Gesetz werde: dies ist der Kanon der moralischen Beurteilung derselben überhaupt« (Kant 2, S. 72, S. 57). Das Verb »können«, das die Möglichkeit einer Handlung, eines Tun-könnens, beschreibt, ist auf widersprüchliche Weise einem »Müssen« untergeordnet und hat nicht ein Tun, sondern ein »Wollen« zum Gegenstand: Und dieses leere, unverständliche Geflecht modaler Kategorien definiert das Paradigma vom Gebot des moralischen Gesetzes. Die Modalverben, die in dieser Formel zusammengebunden sind, erhalten und annullieren sich gegenseitig. Bedenkt man die zentrale Rolle des Begriffs der Willkür bei Kant, darf man nicht vergessen, dass er durch dieses widersprüchliche Geflecht begründet wird.

17. In der *Kritik* sucht Kant nach einem emotionalen Gehalt für dieses leere Gefühl (das ja eigentlich bloß aus einer Beseitigung aller emotionalen Gehalte und Neigungen besteht) und findet dabei nur die Demütigung, eine »negative Wirkung«: »die Wirkung dieses Gesetzes aufs Gefühl [ist] bloß Demütigung, welche wir also zwar *a priori* einsehen, aber an ihr nicht die Kraft des praktischen Gesetzes als Triebfeder, sondern nur den Widerstand gegen Triebfedern der Sinnlichkeit erkennen können« (Kant 3, S. 128, S. 139 f.). Die Achtung ist also das – rein negative und für sich genommen jeder Lust entledigte – Gefühl der Unterwerfung unter ein Gebot: »Es enthält also, als *Unterwerfung* unter ein Gesetz, d. i. als Gebot, (welches für das sinnlich-affizierte Subjekt Zwang ankündigt) keine Lust, sondern, so fern, vielmehr Unlust an der Handlung an sich« (ebd., S. 131, S. 143). Die Achtung ist also der Nullpunkt des Gefühls oder jenes Gefühl (bzw. jene Unlust), das übrig bleibt, wenn alle natürlichen Neigungen und alle pathologischen (also passiven) Gefühle als Triebfedern einer Handlung ausgeschlossen wurden.

Jetzt kann Kant Achtung und Pflicht zusammenfügen. Die Handlung, die einzig aus Achtung vor dem Gesetz vollzogen wird, heißt nur mehr »Pflicht«: »Das Bewußtsein einer *freien* Unterwerfung des Willens unter das Gesetz, doch als mit einem unvermeidlichen Zwange, der allen Neigungen, aber nur durch eigene Vernunft angetan wird, verbunden, ist nun die Achtung fürs Gesetz … Die Handlung, die nach diesem Gesetze, mit Ausschließung aller Bestimmungsgründe aus Neigung, objektiv praktisch ist, heißt *Pflicht*, welche, um dieser Ausschließung willen, in ihrem Begriffe praktische *Nötigung*, d. i. Bestimmung zu Handlungen, so *ungerne*, wie sie auch geschehen mögen, enthält« (ebd., S. 130, S. 142 f.).

Es verwundert daher nicht, wenn Kant einräumen muss, dass das so bestimmte Gefühl der Achtung, trotz aller Erklärungen, die er angestellt hat, und trotz der entscheidenden Rolle, die es in der Ethik spielt, »für spekulative

Vernunft unergründlich« bleibt, und letztlich zu der einfachen, aber überraschenden Feststellung führt: »daß man sich nicht wundern darf, diesen Einfluß einer bloß intellektuellen Idee aufs Gefühl für spekulative Vernunft unergründlich zu finden, und sich damit begnügen zu müssen, daß man a priori doch noch so viel einsehen kann: ein solches Gefühl sei unzertrennlich mit der Vorstellung des moralischen Gesetzes in jedem endlichen vernünftigen Wesen verbunden« (ebd., S. 130, S. 142).

Wenn der Ursprung der Achtung, noch in der *Metaphysik der Sitten*, »unerforschlich« (Kant 1, S. 531, A 37) bleibt, so liegt das daran, dass sie, ebenso wie die Pflicht, die Unterwerfung unter das gesetzliche Gebot als einzigen Inhalt hat. Kant muss daher auf dem Vorrang der Achtung vor der Pflicht bestehen und vor dem Teufelskreis warnen, der sich andernfalls zwischen Achtung und Pflicht in Gang setzte: »Sie ist nicht selbst, oder sie zu besitzen ist nicht Pflicht (denn sonst würde es eine Verpflichtung zur Pflicht geben müssen)« (Kant 2, S. 537, A 46). Als leeres Gefühl, als Nullpunkt des Gefühls, ist die Achtung bloß der Schatten, den die Pflicht – also der Zwang angesichts eines gesetzlichen Gebots – auf das Subjekt wirft.

א Im Jahr 1963 unternahm Jacques Lacan in einem berühmten Aufsatz eine parallele Lektüre von Kant und Sade (Lacan, *passim*), bei der der Gegenstand des Gesetzes mit dem Gegenstand des unterdrückten Begehrens identifiziert wurde. Man kann sich fragen, wie Gilles Deleuze es fünf Jahre später tat, ob Sacher-Masoch die Subversion des kantischen Gesetzes nicht wirkungsvoller erfasst habe als Sade. Dem Tugendhaften Kants und dem Masochisten ist es gemein, dass beide sich nur in der Pflichterfüllung und in der Erniedrigung wohl fühlen, also im Befolgen eines Gebots. In diesem Sinne ist die kantische Ethik – und mit ihr ein Großteil der modernen Ethik – dem Wesen nach masochistisch. Auf den ersten Blick unterscheidet sich der Masochist vom Tugendhaften bei Kant allerdings darin, dass diesem das Gebot keinerlei Lust bereitet, während jener die Erniedrigung genießt. Die Feststellung aber, dass der Masochist Lust verspürt, wenn er vom Gebot des Gesetzes erniedrigt wird, greift zu kurz: Es muss hinzugefügt werden, dass die Lust des Masochisten aus der Lust herrührt, die das Gesetz bei seiner Erniedrigung verspürt. Denn der Masochist verspürt Genuss nicht im eigenen Schmerz und in der Erniedrigung, sondern dadurch, dass er dem Sadisten Lust an der Erniedrigung und dem Zufügen von Schmerz verschafft. Der Masochist – und darin liegt die Subtilität seiner Strategie – verschafft dem Gesetz (verkörpert vom Sadisten) Genuss und gelangt nur dadurch zur eigenen Lust. Das Gesetz wird aufrechterhalten, sein Gebot mit Eifer ausgeführt, aber es hat sein Ansehen verloren, denn sein Gebot enthält die Lust. Während der Sadist sich also unmittelbar gegen das Gesetz als solches richtet, zielt der Masochist auf die Achtung, deren Wurzel er untergräbt und sie damit zerstört. Es ist dies aber ein flüchtiger Sieg, wie die Masse der heutigen Masochisten nachdrücklich beweist, die den Gebieter, den sie einsetzen, nicht achten, sich deswegen aber keinesfalls freier fühlen können. Der Fall des Gebieters, der ihnen die Möglichkeit des Spotts eröffnet, ist auch die Sanktion ihrer eigenen Versklavung.

18. In der *Einführung in die Metaphysik* konstatiert Heidegger, dass der Prozess, der zur Scheidung von Sein und Sollen geführt hat, bei Kant vollendet wird (Heidegger 3, S. 151). Das Sollen aber, um das es in dieser Scheidung geht, wird »nicht irgendsonstwoher dem Sein zu- und angetragen«, sondern entstammt diesem Sein selbst (ebd., S. 150).

Es ist nun die Zeit für den Versuch gekommen, die ontologische Bedeutung und die historisch-philosophischen Strategien, die zu dieser Scheidung – die zugleich auch eine Verbindung ist – gehören, im Licht der Archäologie des Amts zu betrachten, die uns hier beschäftigt. Was bei Kant in der Form des Sollens seine Vollendung findet, ist die Ontologie der Operativität, deren Stammbaum wir hier zu umreißen versucht haben. In dieser verschwimmen Sein und Sollen, ziehen sich zusammen, und das Sein ist nicht mehr nur einfach, sondern *muss* verwirklicht *werden*. Man kann das Wesen und die Eigenschaften der Ontologie der Operativität aber nicht verstehen, wenn man nicht berücksichtigt, dass sie von Anfang an und in gleichem Maße auch eine Ontologie des Gebots ist. Das Zusammenziehen von Sein und Sollen hat die Form eines Gebots, es ist seinem Wesen und dem Wortsinn nach ein »Imperativ«. Das Sollen ist in diesem Sinne keine rechtliche oder religiöse Vorstellung, die von außen an das Sein herangetragen würde: Sie impliziert und definiert eine Ontologie, die sich im Laufe der Zeit durchsetzt und sich in einem geschichtlichen Sinne als Ontologie der Moderne behauptet.

Wir sollten die schon oben angesprochene sprachliche Form des Imperativs genauer bedenken. Meillet bemerkte, dass dieser in den indoeuropäischen Sprachen meist dem

Thema des Verbs entspricht und daher die »essentielle« Form des Verbs darstellen könnte (Meillet, S. 191). Von einem semantischen Standpunkt aus gesehen, zeichnet sich der Imperativ aber dadurch aus, dass er sich nicht in einem Modus der Denotation auf die Welt bezieht, er beschreibt nicht und sagt nichts über die Beschaffenheit von Dingen: Er beschränkt sich darauf, zu gebieten und zu fordern (in der Regel das Tun eines anderen). Nicht einmal die Handlung desjenigen, der einem Gebot folgt, kann als semantischer Gehalt eines Imperativs betrachtet werden; wie Kelsen bemerkte: »Wenn ein Mensch durch irgendeinen Akt den Willen äußert, daß ein anderer Mensch sich in bestimmter Weise verhalte, ... kann der Sinn seines Aktes nicht mit der Aussage beschrieben werden, dass sich der andere so verhalten wird, sondern nur mit der Aussage, dass sich der andere so verhalten soll« (Kelsen 1, S. 4). Das entspricht der Aussage von Thomas, der zufolge das Gebot nicht die Handlung des anderen zum Gegenstand habe, sondern seinen freien Willen. Der Imperativ hat das Wollen und nicht das Sein zugleich zur Grundlage und zum Gegenstand.

Während die Ontologie in der klassischen philosophischen Tradition eine substantielle Beschaffenheit hat, sie also eine denotative Verbindung von Worten und Dingen voraussetzt, bringt der Imperativ, als primitive Form des Verbs, eine andere Ontologie mit sich, die sich nicht auf die Welt, »wie sie ist«, bezieht, sondern wie sie »sein soll«. Trotz der fast vollständigen äußerlichen Identität von »er geht« und »geh!«, *esti* und *estō*, sind die beiden Formen vom ontologischen Standpunkt her grundsätzlich verschieden – oder geben dies zumindest vor.

Es ist daher von Bedeutung, dass der Imperativ den sprachlichen Modus des Rechts und der Religion darstellt. Nicht nur die Zwölftafelgesetze (*sacer esto, paricidas esto, aeterna auctoritas esto*) und auch die Formeln der Rechtsgeschäfte (*emptor esto, heres esto*) stehen im Imperativ, sondern auch der Schwur, die vielleicht älteste juridisch-religiöse Institution, beinhaltet ein Verb im Imperativ (*martys estō, istō Zeus*). Und es ist kaum einen gesonderten Hinweis wert, dass Gott in den monotheistischen Religionen im Imperativ spricht und man sich im selben sprachlichen Modus, im Gottesdienst und in den Gebeten, auch an ihn richtet.

Vor diesem Hintergrund wird klar, warum die rechtlich-religiösen Formeln (für die der Eid, das Gebot und das Gebet, als wichtige Beispiele stehen) performativ beschaffen sind: Dass der Performativ, einfach dadurch, dass er ausgesprochen wird, seine eigene Bedeutung verwirklicht, liegt daran, dass er sich nicht auf das Sein, sondern auf das Sollen bezieht, eine Ontologie des *estō* und nicht des *esti* voraussetzt.

Es gibt in der abendländischen Ontologie also zwei verschiedene und doch miteinander verbundene Ontologien: Die erste, die Ontologie des Gebots, gehört zur rechtlich-religiösen Sphäre, sie findet ihren Ausdruck im Imperativ und ist performativ beschaffen; die zweite entstammt der philosophisch-wissenschaftlichen Tradition und drückt sich im Indikativ aus (oder, als Substantivierung, im Infinitiv bzw. Partizip – *esti, einai, on*, »ist«, »sein«, »Seiendes«). Die Ontologie des *estō* und des »sei« verweist auf ein Sollen; diejenige des *esti* und des »ist« auf das Sein. Die beiden Ontologien, die wohlunterschieden und in gewisser Hinsicht einander gegensätzlich sind, bestehen nebeneinander, bekämpfen sich und kreuzen, verbinden sich dennoch beständig, während in der Geschichte des Abendlands mal die eine, mal die andere die Oberhand gewinnt.

א Eine vollwertige Anthropologie des Gebots hat Arnold Gehlen im Denken des 20. Jahrhunderts entwickelt. Diesem Autor zufolge, der letzten Endes eine Theorie der Institution im Sinn hat, folgt die zentrale Rolle des Imperativs in den menschlichen Gesellschaften aus dem Mangel eines instinktiv vorgegebenen Verhaltens im Menschen. Im Gegensatz zu den anderen Tieren, deren Verhalten durch Instinkte geregelt wird, lebt der Mensch nicht einfach, sondern muss »sein Leben führen«. Die Institution mit ihren Gesetzen und Imperativen füllt genau diese Lücke aus. »Der Imperativ ist daher die Form, wie die Wesenheit als gültige und verpflichtende gedacht wird, also jenseits der bloßen Vorstellung sich verselbständigt. … Zugleich entlastet er vom Willensentschluss, das Verhalten ist schon vorentschieden, und zwar unabhängig von der jeweiligen Affektlage, Stimmung und von den Randbedingungen der Situation; dies ist die Form, wie allein jenseits der geistlosen Gewohnheit ein Verhalten auf Dauer gestellt werden kann: der Imperativ ist das virtuelle Schonvollzogensein der Handlung« (Gehlen, S. 158).
Gehlen will die gesellschaftliche Rechtfertigung des Imperativs und des Gebots vor dem Hintergrund des menschlichen Instinktmangels verstanden wissen; er vertritt sie mit einer Radikalität, vor der ihn die eigene Erfahrung, sich als junger Mann vorbehaltlos dem Nationalsozialismus angeschlossen zu haben, hätte warnen

müssen: »Der Modus der Verpflichtung, die Vorentschiedenheit des Verhaltens, die Hemmung der analytischen Ratio, die Komponente der sozialen Gegenseitigkeit: das alles sind Momente des Imperativs, aber auch der Dynamik der menschlichen Instinktresiduen, wann man sie sich in das Bewusstsein eines willkürlich handelnden Wesens übergeleitet denkt. Ein einfachster Ritus, z.B. ›Dies ist tabu! Berühren verboten!‹ wäre sozusagen das Analogon einer echten, instinktiven, streng objektspezifischen Hemmung, wenn es eine solche beim Menschen überhaupt gäbe« (ebd., S. 160). Mit dieser anthropologischen Sichtweise erklärt Gehlen auch den kategorischen Imperativ Kants: »Dass der Imperativ einem sozialen Bedürfnis entspricht, hatte Kant gesehen, der aus ihm alle Inhalte strich und das bloße Interesse an allgemeiner Gültigkeit … zum Inhalt des Sollens machte.« (Ebd.)

19. Bei Kant gelangt die Ontologie des Gebots und des Sollens zu ihrer weitreichendsten Ausführung, sie dringt in die Ontologie der Substanz und des Seins vor und versucht sie von innen zu verwandeln. Während dies bei der Ethik offensichtlich ist, ist es weniger selbstverständlich, dass auch die *Kritik der reinen Vernunft* auf diese Weise gelesen werden kann. Die Möglichkeit der Metaphysik fällt hier mit dem Gebrauch der »reinen« Vernunft zusammen, ohne Bezug zum Seienden und zur Erfahrung. Der Ersatz des »stolzen Namens einer Ontologie« durch den der »Transzendentalphilosophie« bedeutet, dass eine Ontologie des Sollens nunmehr den Platz einer Ontologie des Seins eingenommen hat. Das transzendentale Objekt und das Noumenon bezeichnen daher kein Seiendes, sondern ein »x, wovon wir gar nichts wissen, noch überhaupt ... wissen können«. Sie sind keine Wesen, sondern Aufgaben, keine Substanzen, sondern Imperative, die keine Entsprechung auf der Ebene der Erfahrung haben. Ebenso sind die Verstandesideen »regulative« Ideen, »Gebote« und keine beschreibenden Worte. Dem Sollen in der kantischen Ethik entsprechen in der Metaphysik also das Noumenon und das Ding an sich: So wie diese dem Verstand die Öffnung eines Raums auferlegen, der aber leer bleiben muss, gebietet auch der kategorische Imperativ der praktischen Vernunft sehr bestimmt, ohne jedoch etwas zu sagen (es verwundert vor diesem Hintergrund nicht, dass Schopenhauer die Ebene des Willens mit der des Dings an sich gleichsetzt und eine der Ergänzungen seines Hauptwerks *Transcendente Betrachtungen über den Willen als Ding an sich* betitelte).

An der Schwelle zur Moderne, als Theologie und Metaphysik scheinbar endgültig ihren Platz für die wissenschaftliche Rationalität räumen, stellt Kants Denken das säkularisierte Wiederauftauchen der Ontologie des *estō* am Busen der Ontologie des *esti*, die verheerende Wiederkehr des Rechts und der Religion am Busen der Philosophie dar. Angesichts des Triumphs der wissenschaftlichen Erkenntnis wollte Kant das Überleben der Metaphysik sichern, indem er die Ontologie des Gebots und des Sollens in die des Seins und der Substanz einpfropfte und dort gedeihen ließ. Während er glaubte, dadurch die Möglichkeit der Metaphysik zu gewährleisten und gleichzeitig eine Ethik zu begründen, die weder rechtlich noch religiös ist, trat er auf der einen Seite unbewusst das Erbe der theologisch-liturgischen Tradition des *officium* und der Operativität an, und trug andererseits die klassische Ontologie zu Grabe. Die von Kant bewerkstelligte »kopernikanische Wende« besteht nicht so sehr darin, das Subjekt an der Stelle des Objekts in den Mittelpunkt gerückt zu haben, sondern vielmehr – auch wenn die beiden Bewegungen in Wirklichkeit nicht voneinander getrennt werden können – darin, die Ontologie der Substanz durch eine Ontologie des Gebots ersetzt zu haben; und man versteht die Geschichte der Philosophie nach Kant nicht, wenn man in ihr nicht die Überschneidungen, Konflikte und Kompromisse zwischen den beiden Ontologien wahrnimmt, über die in der Phänomenologie und in *Sein und Zeit* vorläufig Rechenschaft abgelegt wird, wenn das *estō* und das *esti*, das »sei« und das »ist«, für einen Moment miteinander zu verschwimmen scheinen.

א An einem gewissen Punkt des Prozesses von Jerusalem erklärte Eichmann, »sein ganzes Leben lang den Moralvorstellungen Kants gefolgt zu sein und vor allem im Sinne des kantischen Pflichtbegriffs gehandelt zu haben«. Auf die Nachfrage, was er damit genau meine, fügte er, seine Kenntnis der *Kritik der reinen Vernunft* beweisend, hinzu: »Da verstand ich darunter, dass das Prinzip meines Wollens und das Prinzip meines Strebens so sein muss, dass es jederzeit zum Prinzip einer allgemeinen Gesetzgebung erhoben werden könnte.« (Arendt, S. 245)[1]

1 Zitiert nach der von Brigitte Granzow besorgten und von der Autorin durchgesehenen deutschen Übersetzung in: Hannah Arendt, Eich-

Erstaunlicherweise scheint Arendt, die sich über diesen »kategorischen Imperativ für den Hausgebrauch des kleinen Mannes« wohl lustig machte, davon überzeugt, dass die These Eichmanns in gewisser Hinsicht ernst zu nehmen sei. »Viel von der gespenstisch peniblen Gründlichkeit, mit der die Endlösung in Gang gesetzt und gehalten wurde … lässt sich auf die eigentümliche, in Deutschland tatsächlich sehr verbreitete Vorstellung zurückführen, dass Gesetzestreue sich nicht darin erschöpft, den Gesetzen zu folgen, sondern so zu handeln verlangt, als sei man selbst der Schöpfer der Gesetze, denen man gehorcht. Daraus entwickelt sich leicht die Überzeugung, mehr als seine Pflicht zu tun sei das mindeste, was man von sich verlangen müsse. Wie immer man Kants Einfluss auf die Entstehung der Mentalität des ›kleinen Mannes‹ in Deutschland beurteilen mag, in einer Beziehung hat sich Eichmann ganz zweifellos wirklich an Kants Vorschriften gehalten: Gesetz war Gesetz, Ausnahmen durfte es nicht geben« (ebd., S. 246). Kants Blindheit lag darin, verkannt zu haben, dass die beginnende industrielle Revolution die Menschen Kräften unterwerfen würde, die sie nicht zu beherrschen imstande waren, und dass die Moral der Pflicht sie daran gewöhnte, das Befolgen eines Gebots (ganz gleich, ob innerlich oder äußerlich, denn nichts ist leichter, als ein äußerliches Gebot zu verinnerlichen) als einen Akt der Freiheit zu verstehen.

mann in Jerusalem. Ein Bericht von der Banalität des Bösen, Leipzig, 1990.

20. Dass die kantische Ontologie in Wirklichkeit eine Ontologie des Gebots ist, erscheint am deutlichsten bei Kelsen. Er geht von einer vorbehaltlosen Absolutsetzung von Sein* und Sollen* aus, deren Dualismus er ohne nähere Begründung postuliert: »Meine Untersuchungen stehen unter der Annahme der beiden grundlegenden Gegensätze, die Sein und Sollen, Inhalt und Form trennen. Mir ist wohl bewusst, dass eine monistische Weltanschauung weder den Dualismus von Sein und Sollen, noch jenen von Inhalt und Form als einen endgültigen anerkennt und auch nicht anerkennen darf. Wenn ich hier dennoch prinzipielle Gegensätze erblicke und auf Verbindung von Sein und Sollen, Inhalt und Form zu einer höheren Einheit, die beide einander ausschließende Begriffe umfasst, verzichten zu müssen glaube, so finde ich als Rechtfertigung dieses meines Standpunktes im Grunde keine andere ehrliche Antwort als die: Ich bin nicht Monist« (Kelsen 2, S. v-vi). »Der Unterschied zwischen Sein und Sollen kann nicht näher erklärt werden. Es ist unserem Bewusstsein unmittelbar gegeben. Niemand kann leugnen, dass die Aussage: etwas ist – das ist die Aussage, mit der eine Seins-Tatsache beschrieben wird – wesentlich verschieden ist von der Aussage: dass etwas sein soll – das ist die Aussage, mit der eine Norm beschrieben wird; und dass daraus, daß etwas ist, nicht folgen kann, dass etwas sein soll, so wie daraus, dass etwas sein soll, nicht folgen kann, dass etwas ist« (Kelsen 1, S. 5).

Die reine Rechtslehre geht also von zwei Ontologien aus, die nicht aufeinander zurückführbar sind, und richtet sich, wie Kant, im Bereich des Gebots und des Sollens ein. »Rein« ist sie deshalb, weil sie vorgibt, vollständig in der

Sphäre des Sollen* zu verbleiben, ohne jemals in die des Sein* überzutreten. Die Rechtspflicht entspricht nicht einem Sein oder einem Zustand, also einem gesollten Verhalten, sondern drückt bloß aus, dass ein bestimmtes Verhalten von einer Norm statuiert ist und dass diese Norm auf eine andere verweist (die erzwingende Sanktion) und diese wiederum auf eine andere: »Rechtspflicht … ist nicht oder doch nicht unmittelbar das gesollte Verhalten. Gesollt ist nur der als Sanktion fungierende Zwangsakt. Sagt man: wer rechtlich zu einem bestimmten Verhalten verpflichtet ist, ›soll‹ sich von Rechts wegen so verhalten, so ist es das Gesollt-Sein … des als Folge des gegenteiligen Verhaltens statuierten, als Sanktion fungierenden Zwangsaktes, das damit zum Ausdruck kommt« (ebd., S. 124).

Die Beziehung von Norm und Verhalten ist also keine des Seins, sondern der Pflicht. Die Normen als solche »sind keine Seinstatsachen, sondern Sinngehalte, und zwar der Sinn der die Normen setzenden Akte. Dieser Sinn ist ein Sollen. Die Ethik wie die Rechtswissenschaft ist Norm-Wissenschaft, weil sie Soll-Normen als Sinngehalte … zum Gegenstand hat« (ebd., S. 60, FN).

Ebenso wenig wie die Bedeutung der Norm dem vorgeschriebenen faktischen Verhalten entspricht, entspricht das Gebot, um das es in ihr geht, dem Willkürakt, dessen Sinn sie darstellt und der noch die Form eines Seins hat; die Norm verlangt nicht, dass ein Mensch sich auf eine gewisse Weise verhalte, sondern nur, dass er sich auf diese Weise verhalten *soll*.

Kelsens Vorhaben, eine Theorie des Rechts zu entwickeln, die keinerlei Bezug zum Sein hat, muss zwangsläufig unvollendet bleiben. Die beiden Ontologien (das Sein und das

Sollen) können, selbst wenn sie wohl unterschieden sind, nicht vollständig voneinander getrennt werden, sie verweisen aufeinander und setzen die jeweils andere voraus. Das kommt in der Theorie der Sanktionen und der Strafen klar zum Ausdruck. Wenn die Norm, die eine Sanktion festlegt, aussagt, dass der Henker die Strafe vollstrecken *soll*, und nicht, dass er sie tatsächlich vollstreckt, hat die Idee einer Sanktion keinen Wert mehr. Das Problem der Gewalt lässt sich – ebenso wie das der Lust – nicht einfach aus dem Recht und aus der Ethik verbannen, es stellt einen Berührungspunkt der beiden Ontologien dar. Wie bei Kant finden Sein und Sollen in der Reinen Rechtslehre ihren gemeinsamen Ausdruck in der Form der Fuge, in der die Trennung auf eine Berührung verweist und diese wiederum auf eine Trennung.

Es ist nun vielleicht der Moment für den Versuch, die Ontologie der Operativität und des Gebots, die wir durch eine Archäologie des Amts zu bestimmen versucht haben, parallel zur »Willensmetaphysik« zu lesen, die Ernst Benz in einem Buch dargestellt hat, dessen Bedeutung für die abendländische Philosophie noch lange nicht vollständig erkannt ist (Benz, *passim*). Die Untersuchungen von Benz zeigen, dass der Begriff des Willens, der in der klassischen griechischen Philosophie keine ontologische Bedeutung hat, zuerst vom Neuplatonismus und dann seit dem 4. Jahrhundert von der christlichen Theologie ausgearbeitet wurde, um den Prozess der Hypostasierung des Einen und die dreifaltige Gliederung des höchsten Wesens zu erklären.

Dieser Prozess beginnt damit, dass im Einen eine Neigung zu sich selbst (*neusis pros heauton*) hervortritt, die in der Abhandlung der sechsten Enneade mit dem vielsagenden Titel *Freiheit und Willen des Einen* als »Willen« (*thelēsis, boulēsis*) und »Liebe« (*agapē, erōs*) definiert wird: »alles war also Willen, und nicht war in ihm das Nicht-wollen, nicht das vor dem Willen-sein: zuerst ist also der Wille er selbst [*prōton ara hē boulēsis auto*]« (ebd., S. 302). Der Wille, der ursprünglich ein Wille seiner selbst ist, benennt also die innergöttliche Bewegung, vermittels deren sich der Eine, indem er sich auf sich selbst richtet, als Intellekt (*nous*) konstituiert und sich in seinen drei primären Hypostasen Wirklichkeit und Existenz verleiht. Vor diesem Hintergrund fallen Willen und Potenz zusammen: »Die Potenz des ›Einen‹ ist ›ganz über sich Herr‹ [*hautēs kyrian*] und ›ist das, was sie will‹ [*touto ousan ho thelei*]« (*Enn.*, 6, 8, 9, in: Benz, S. 298). Die Potenz ist also in ihrem Kern Willen, und auch das Gute ist nur Willen seiner selbst: »Es ist aber die Natur des Guten selbst ein Sich-selbst-wollen [*thelēsis hautou*]« (*Enn.*, 6, 8, 13, in: Benz, S. 299). Mit einer Geste, in der man die Geburt der modernen Willensmetaphysik ausmachen kann, identifiziert Plotin in letzter Instanz den Willen mit dem Sein: »Man muss den Willen [*boulēsis*] und die Substanz [*ousia*] in eins zusammennehmen, denn notwendigerweise ist bei ihm selbst das Wollen [*to thelein*] und das Sein dasselbe« (ebd., in: Benz S. 301).

In dieser Gleichsetzung von Sein und Willen ist die fortschreitende Entfaltung der göttlichen Einheit in die Hypostasen auf »homoousianische« (ebd., S. 414) Weise, wie sie auch in der christlichen Theologie geschehen wird, bereits angelegt. Der Wille ist zugleich Ausgangspunkt der Bewegung der Hypostasen und das Prinzip, das es ermöglicht, sie wieder zur Einheit zusammenzuführen. Und genau diese »Voluntarisierung« (ebd.) der griechischen Metaphysik, die sowohl das Weltbild des Timaios als auch den unbewegten Beweger des Aristoteles von innen heraus verwandelt, ermöglicht schließlich die Ausarbeitung des christlichen Schöpfungsparadigmas.

In einer dichten Analyse kann Benz an diesem Punkt zeigen, dass die Aneignung des plotinischen Modells – vermittels Marius Victorinus, der Gnosis, Irenäus, Origenes und Athanasius – die Ausarbeitung der trinitarischen Theologie und zugleich der christlichen Anthropologie ermöglichte, die ihre Vollendung in der augustinischen

Triade von Gedächtnis, Intellekt und Willen finden sollte (ebd., S. 365–413).

Einzig auf die Darlegung seiner Archäologie des Willens konzentriert, scheint Benz – der sich dennoch vollständig der Tatsache bewusst war, dass die Hypostasenlehre eine »dynamistische Konzeption« (ebd., S. 414) des göttlichen Wesens mit sich brachte –, sich nicht für die Bestimmung der neuen operativen Ontologie zu interessieren, um die es hier geht. Unsere Archäologie dagegen hat versucht zu zeigen, dass man nur durch eine genaue Bestimmung dieser Eigenschaften die Entstehung und die zentrale Rolle des Willensbegriffs erklären kann. Es geht dabei nicht nur darum, dass das Sein hier »mobilisiert« und in Bewegung gebracht wird (das war schon in der aristotelischen Ontologie der Fall): Entscheidend ist es, dass die Bewegung des Seins hier nicht von sich oder von Natur aus entsteht, sondern eine *energeia* und ein fortwährendes »Ins-Werk-setzen« impliziert, dass sie als *ergon* gedacht wird, das auf die Verwirklichung durch ein Subjekt verweist, welches in erster und letzter Instanz mit dem Willen identifiziert wird. Dies wird bei Plotin völlig klar, wenn er schreibt: »Wenn wir also dem Einen Tätigkeiten zuschreiben [*energeias*], werden diese Tätigkeiten gewissermaßen durch seinen Willen geschehen [*hoion boulēsis autou*], da man nicht ins-Werk-setzen kann, ohne es zu wollen [*ou gar aboulōn energei*]: diese Tätigkeiten sind daher gewissermaßen seine Substanz [*ousia*], und sein Willen und seine Substanz werden identisch sein« (*Enn.*, 6, 8, 13).

Und daher sind, der christlichen Theologie zufolge, sowohl die Selbsthypostasierung in der Dreifaltigkeit als auch die Schöpfung der Welt nicht *a necessitate naturae* geschehen, sondern *a voluntate divinae maiestatis* (Viktorinus, in: Benz, S. 78): Die Ökonomie der Dreifaltigkeit und die Schöpfung werden nach dem Muster der Ins-Werk-Setzung und der *energeia* gedacht und nicht als unpersönlicher natürlicher Vorgang. Daher rührt auch die Notwendigkeit, die Potenz Gottes mit seinem Willen zu identifizieren: *haec semper voluntas a Deo et in Deo est potentia* (ebd.).

Findet die Willensmetaphysik in der modernen Philosophie bei Schlegel auch ihren weitreichendsten Ausdruck (»Es gibt in der letzten und höchsten Instanz gar kein anderes Seyn als Wollen. Wollen ist Urseyn ... Die ganze Philosophie strebt nur dahin, diesen höchsten Ausdruck zu finden«), so darf man dennoch nicht vergessen, dass der Begriff des Willens zwischen dem 3. und dem 4. Jahrhundert in die Ontologie eingeführt wurde, weil das Verständnis des Seins sich fortlaufend in einem operativen Sinn verändert hatte. Ebenso wie die Pflicht zur Begründung des Gebots ihren Eingang in die Ethik fand, wurde die Idee eines Willens ausgearbeitet, um den Übergang der Potenz zur Wirklichkeit zu erklären. Wenn das Sein einer Verwirklichung bedarf, wenn es notwendigerweise ins Werk gesetzt werden muss, so wird ein Wille, der dies ermöglicht, zur Voraussetzung. Diese Voraussetzung ist im Ansatz schon bei Aristoteles angelegt, bei dem die Vorstellung des Willens zum ersten Mal in einem im engeren Sinne ontologischen Kontext auftaucht, um den Übergang von der Potenz zum Akt zu erklären: Derjenige, der die *hexis* einer Potenz hat, kann »wenn er es will [*hoti boulētheis*]« (*De an.*, 417a, 26–27) zum Akt übergehen; ebenso verhält es sich mit dem menschlichen Vermögen, das, da es ein vernünftiges Vermögen ist, eine Sache oder ihr Gegenteil hervorbringen kann, von daher »muss das höchste Element [*kyrion*] ein anderes sein, das ich Willen oder Entscheidungskraft [*orexin ē proairesin*] nenne« (Met., 1048a 11).

Die Ontologie des Gebots und die Ontologie der Operativität sind daher aufs engste miteinander verbunden: wie das Ins-Werk-Setzen bedingt auch das Gebot einen Willen. Entsprechend der Formel des Fürsten (*sic volo, sic iubeo*), kann »wollen« nur »gebieten« heißen, und gebieten setzt notwendigerweise ein Wollen voraus. Der Wille ist die Gestalt, die das Sein in der Ontologie des Gebots und der Operativität annimmt. Wenn das Sein nicht ist, sondern sich verwirklichen muss, dann ist es seinem Wesen nach Willen und Gebot; wenn umgekehrt das Sein Wille ist, dann ist es nicht einfach, sondern es soll. Die Herausforderung der kommenden Philosophie liegt darin, eine Ontologie jenseits der Operativität und des Gebots zu denken und eine Ethik und eine Politik, die von den Begriffen der Pflicht und des Willens befreit sind.

Anmerkungen des Übersetzers

Der Untertitel des Buches lautet im Italienischen *Archeologia dell'ufficio*. Das Wort *ufficio* hat im Italienischen drei miteinander verwandte Bedeutungen. Sie machen nur zusammengenommen den Sinn des Titels aus, können auf Deutsch aber nicht mit dem gleichen Begriff wiedergegeben werden. Es ist daher nötig, sich bei der Lektüre die Identität der drei Bedeutungen im Italienischen vor Augen zu halten. Die älteste ist die der Pflicht (deren genaue Beschaffenheit im Text diskutiert wird), als Übersetzung des ciceronianischen *officium*. Die zweite, daraus abgeleitete, ist die des Offizium, also des Ritus der christlichen Liturgie. Schließlich bezeichnet es das Amt in einem umfassenden Sinne, zuvörderst als Dienst im Sinne einer Verpflichtung zu einer bestimmten Handlung, als ontologische wie ethische Kategorie, dann aber auch in einem weiteren Sinn als ein Ort, an dem dieses heute ausgeübt wird, als Büro oder Amt in einem administrativen Sinn.
Das titelgebende Amt leitet sich aus allen diesen drei Bedeutungen her.
Mit Amt geben wir, ganz in diesem Sinne, aber auch oft das italienische *ministero* wieder, das das Priesteramt bzw. den Priesterdienst bezeichnet.

Die Wirklichkeit, der zweite Leitbegriff des Buchs, ist im Italienischen die *effettualità* mit dem dazugehörigen Adjektiv *effettuale*. Diese beiden Begriffe wiederum leiten sich vom *effetto* her, der sowohl »Wirkung« als auch »Tatsache«

bedeuten kann. *Effettualità* oszilliert in seiner Bedeutung zwischen Wirksamkeit und Wirklichkeit. Im deutschen Wirklichkeit sollte daher der Sinn des Wirkens besonders herausgehört werden, im Sinne der Heidegger'schen Bestimmung: »Insofern das Seiende als das Wirkliche wirkt, zeigt sich das Sein als die Wirklichkeit« (Heidegger 1, S. 363 f.).
Die Begriffe sind jeweils bei ihrer ersten Nennung im Text ergänzt, im Folgenden nur dann, wenn sie abweichend übersetzt werden.

Wort* = im Original deutsch (nur dort, wo das deutsche Wort im Original allein steht und nicht in Klammern dem Italienischen als Erläuterung beigestellt ist).

Der Übersetzer dankt Michele Salonia und Simon Schnorr.

Literaturverzeichnis

Agamben, Giorgio, *Il Regno e la Gloria. Per una genealogia teologica dell'economia e del governo. »Homo sacer«, II,* 2, Bollati Boringhieri, Turin 2009.

Augustinus, *De diversis quaestionibus liber unus*, in: Jacques-Paul Migne (Hrsg.), *Patrologiae cursus completus. Series latina*, XL.

–, *In Evangelium Johannis Tractatus*, in: Jacques-Paul Migne (Hrsg.), *Patrologiae cursus completus. Series latina*, XXXV.

–, *Degrada Christi et de peccato originali contra Pelagium et Celestinum*, in: Jacques-Paul Migne (Hrsg.), *Patrologiae cursus completus. Series latina*, XLIV.

Ambrosius, *Des Sacrements* – Des Mystères, hrsg. von Bernard Botte, Editions du Cerf, Paris 1994.

–, *De officiis*, hrsg. von Maurice Testard, CCSL, Brepols, Turnhout 2000.

–, *De fide ad Gratianum Augustum libri quinque*, in Jacques-Paul Migne (Hrsg.), *Patrologiae cursus completus. Series latina*, XVI.

–, *Exameron libri sex*, in Jacques-Paul Migne (Hrsg.), *Patrologiae cursus completus. Series latina*, XIV.

–, *De Caïn et Abel libri duo*, in Jacques-Paul Migne (Hrsg.), *Patrologiae cursus completus. Series latina*, XIV.

–, *Epistolae*, in Jacques-Paul Migne (Hrsg.), *Patrologiae cursus completus. Series latina*, XVI.

Arendt, Hannah, *Eichmann in Jerusalem. A Report on the Banality of Evil* (1963), Penguin Books, Harmondsworth 1994.

Aristeas, *Lettera di Aristea a Filocrate*, hrsg. von Francesca Calabi, Biblioteca Universale Rizzoli, Mailand 1995.

ARNIM, JOHANNES VON, *Stoicorum veterum fragmenta*, in: aedibus Teubneri, Lipsiae 1903–38, 4 Bde.

BAUMSTARK, ANTON, *Liturgia romana e liturgia dell'Esarcato. Il rito detto in seguito patriarchino e le origini del Canon missae romano*, Pustet, Rom 1904.

BENZ, ERNST, *Marius Victorinus und die Entwicklung der Abendländischen Willensmetaphysik*, Kohlhammer, Stuttgart 1932.

BOETHIUS, *The Theological Tractates*, hrsg. von Hugh Fräser Stewart und Edward Kennard Rand, Heinemann, London 1973.

BRAGA, CARLO und BUGNINI, ANNIBALE (Hrsg.), *Documenta ad instaurationem liturgicam spectantia. 1903–1963*, CLV – Edizioni liturgiche, Rom 2000.

CABASILAS, NICOLAS, *Explication de la divine liturgie*, hrsg. von Sévérien Salaville et al., Editions du Cerf, Paris 1967.

CALCIDIUS, *Platonis Timaeus interprete Chalcidio cum eiusdem commentatio*, hrsg. von Johannes Wrobel, in aedibus Teubneri, Lipsiae 1876.

CASEL, ODO

1 *Das christliche Kultmysterium*, Pustet, Regensburg 1932, [4]1960.

2 *De philosophorum Graecorum silentio mystico*, Töpelmann, Gießen 1919.

3 *Das Mysteriengedächtnis im Lichte der Tradition*, in »Jahrbuch für Liturgiewissenschaft«, VI, 1926.

4 *Mysteriengegenwart*, in »Jahrbuch für Liturgiewissenschaft«, VIII, 1928.

5 *»Actio« in liturgischer Verwendung*, in »Jahrbuch für Liturgiewissenschaft«, I, 1921.

6 *Beiträge zu römischen Orationen*, in »Jahrbuch für Liturgiewissenschaft«, XI, 1931.

CASSIANUS, *Institutions cénobitiques*, hrsg. von Jean-Claude Guy, Editions du Cerf, Paris 2001.

Cicero, *Les Devoirs*, hrsg. von Maurice Testard, Les Belles Lettres, Paris 2002.

Cyprianus, *Epistolae*, in Jacques-Paul Migne (Hrsg.), *Patrologiae cursus completus. Series latina*, IV.

Clemens, *Epistula ad Corinthos quae vocatur prima graece et latine*, hrsg. von Thomas Schaefer, Harrassowitz, Leipzig 1942.

Crusius, Christian August, *Die philosophischen Hauptwerke*, I: *Anweisung vernünftig zu leben*, hrsg. von Giorgio Tonelli, Olms, Hildesheim 1969.

Daniels, A., *Devotio*, in »Jahrbuch für Liturgiewissenschaft«, I, 1921.

Diezinger, Walter, *Effectus in der römischen Liturgie. Eine kultsprachliche Untersuchung*, Hanstein, Bonn 1961.

Domat, Jean, *Le Droit public. Suite des Loix civiles*, Coignard, Paris 1697, 2 Bde.

Donato, Elio, *Ad P. Terentii Andriam*, in Ders., *Commentum Terentii*, hrsg. von Paul Wessner, in aedibus Teubneri, Lipsiae 1902–05, 3 Bde.

Dörrie, Heinrich, *Hypostasis. Wort- und Bedeutungsgeschichte*, in »Nachrichten der Akademie der Wissenschaften in Göttingen. Phil.-hist. Klasse«, III, 1955, später in Ders., *Platonica minora*, Fink, München 1976.

Drecoll, Carsten, *Die Liturgien im römischen Kaiserreich des 3. und 4. Jh. n. Chr. Untersuchung über Zugang, Inhalt und wirtschaftliche Bedeutung der öffentlichen Zwangsdienste in Ägypten und anderen Provinzen*, Steiner, Stuttgart 1997.

Dunin-Borkowski, Stanislaus von, *Die Kirche als Stiftung Jesu*, in »Religion, Christenthum, Kirche«, II, 1913.

Durand, Guillaume, *Rationale divinorum officiorum*, hrsg. von Anselme Davril und Timothy Thibodeau, Brepols, Turnholti 1995–2000, 3 Bde.

Dürig, Walter, *Der Begriff »pignus« in der Liturgie*, in »Tübinger theologische Quartalschrift«, CXXIX, 1949.

Epiphanios, *Panarion haer. 34–64*, hrsg. von Karl Holl und Jürgen Dummer, Akademie-Verlag, Berlin 1980.

Festus, *De verborum significatu quae supersunt cum Pauli epitome*, hrsg. von Wallace M. Lindsay, in aedibus Teubneri, Stutgardiae-Lipsiae 1997.

Foucault, Michel

1 *Le Gouvernement de soi et des autres*, hrsg. von Frédéric Gros, Gallimard, Paris 2008.

2 *Dits et écrits, II: 1970–1977*, Gallimard, Paris 1994.

Gasparri, Pietro, Eintrag *Competenza in materia amministrativa*, in Enciclopedia del diritto, VIII, Giuffrè, Mailand 1961.

Gehlen, Arnold, *Urmensch und Spätkultur. Philosophische Ergebnisse und Aussagen*, Athenaion, Frankfurt 1977.

Goldschmidt, Victor, *Le Systeme stoïcien et l'idée de temps*, Vrin, Paris 1969.

Grundmann, Herbert, *Religiöse Bewegungen im Mittelalter. Untersuchungen über die geschichtlichen Zusammenhänge zwischen der Ketzerei, den Bettelorden und der religiösen Frauenbewegung im 12. und 13. Jahrhundert und über die geschichtlichen Grundlagen der deutschen Mystik*, Ebering, Berlin 1935.

Heidegger, Martin

1 *Nietzsche*, Neske, Pfullingen 1961, 2 Bde.

2 *Holzwege*, Klostermann, Frankfurt 1950.

3 *Einführung in die Metaphysik*, Niemeyer, Tübingen 1953.

Hellegouarc'h, Joseph, *Le Vocabulaire latin des relations et des partis politiques sous la République*, Les Belles Lettres, Paris 1963.

Innozenz III, *De sacri altaris mysterio*, in Jacques-Paul Migne (Hrsg.), *Patrologiae cursus completus. Series latina*, CCXVII.

Irenäus von Lyon, *Contre les hérésies*, hrsg. von Addine Rousseau et al., Editions du Cerf, Paris 1965–2002, 5 Bde.

Jeggle-Merz, Birgit, *Erneuerung der Kirche aus dem Geist der*

Liturgie. Der Pastoralliturgiker Athanasius Wintersig – Ludwig A. Winterswyl, Aschendorff, Münster 1998.
KANT, IMMANUEL
1 *Die Metaphysik der Sitten* (1797), hrsg. von Wilhelm Weischedel, Suhrkamp, Frankfurt 1977.
2 *Grundlegung zur Metaphysik der Sitten* (1785), hrsg. von Theodor Valentiner, Reclam, Stuttgart 1984.
3 *Kritik der praktischen Vernunft* (1788), hrsg. von Joachim Kopper, Reclam, Stuttgart 1961.
KELSEN, HANS
1 *Reine Rechtslehre*, Deuticke, Wien 1960.
2 *Hauptprobleme der Staatsrechtslehre entwickelt aus der Lehre vom Rechtssatze*, Mohr, Tübingen 1911.
KILMARTIN, EDWARD J., *Christian Liturgy. Theology and Practice*, Sheed & Ward, Kansas City 1988.
LACAN, JACQUES, *Kant avec Sade*, in »Critique«, 191, 1963, später in Ders., *Écrits*, Seuil, Paris 1966.
LIBERA, ALAIN DE, *L'Art des généralités. Théories de l'abstraction*, Aubier, Paris 1999.
MAGDELAIN, ANDRÉ, *Jus imperium auctoritas. Etudes de droit romain*, École française de Rome, Rom 1990.
MEILLET, ANTOINE, *Linguistique historique et linguistique générale*, Champion, Paris 1975.
NIETZSCHE, FRIEDRICH, *Kritische Studienausgabe*, hrsg. von Giorgio Colli und Mazzino Montinari, Bd. 12: *Nachgelassene Fragmente 1885–1887*, dtv, München 1980.
PÉPIN, JEAN, *Théologie cosmique et théologie chrétienne*, Presses Universitaires de France, Paris 1964.
PETERSON, ERIK, *Das Buch von den Engeln. Stellung und Bedeutung der heiligen Engel im Kultus*, in Ders., *Ausgewählte Schriften*, I, Echter, Würzburg 1994.
PHILO VON ALEXANDRIA, *Quis rerum divinarum heres sit*, hrsg. von Marguerite Harl, Editions du Cerf, Paris 1966.

Picavet, François, *Hypostases plotiniennes et Trinité chrétienne*, in »Annuaire de l'Ecole pratique des hautes études. Section des sciences religieuses«, 1917–18.

Peter von Poitiers, *Sententiae Petri Pictaviensis*, hrsg. von Philip S. Moore und Marthe Dulong, University of Notre Dame Press, Notre Dame 1943–50, 2 Bde.

Platter, Charles L., *»Officium« in Catullus and Properitus. A Foucauldian Readìng*, in »Classical Philology«, XC, 3, 1995.

Plotin, *Ennéades*, hrsg. von Emile Bréhier, Les Belles Lettres, Paris 1983–90, 6 Bde.

Pohlenz, Max, *Antikes Führertum. Cicero »De officiis« und das Lebensideal des Panaitios*, Teubner, Leipzig–Berlin 1934.

Pseudo-Clemens, *I ritrovamenti – »Recognitiones«*, hrsg. von Silvano Cola, Città Nuova, Rom 1993.

Pufendorf, Samuel

1 *Gesammelte Werke*, I: *Briefwechsel*, hrsg. von Detlef Döring, Akademie-Verlag, Berlin 1996.

2 *Gesammelte Werke*, II: *De officio*, hrsg. von Gerhard Hartung, Akademie-Verlag, Berlin 1997.

3 *Gesammelte Werke*, IV: *De iure naturae et gentium*, hrsg. von Wilhelm Schmidt-Biggemann, Akademie-Verlag, Berlin 1998, 2 Bde.

Rahner, Hugo, *Das christliche Mysterium und die heidnischen Mysterien*, in »Eranos-Jahrbuch«, XI, 1944, später in Joseph Campbell (Hrsg.), *Pagan and Christian Mysteries. Papers from the Eranos Yearbooks*, Harper & Row, New York 1963.

Schopenhauer, Arthur, *Über die Grundlage der Moral*, in Ders., *Werke in zehn Bänden*, hrsg. von Angelika Hübscher, VI: *Die beiden Grundprobleme der Ethik*, Diogenes-Verlag, Zürich 1977.

Sohm, Rudolf, *Kirchenrecht*, I: *Die geschichtlichen Grundlagen*, Duncker & Humblot, München 1923.

Steidle, Wolf, *Beobachtungen zu des Ambrosius Schrift »De officiis«*, in »Vigiliae christianae«, XXXVIII, 1984.

Strathmann, Hermann, Eintrag *leitourgeō, leitourgia*, in Gerhard Kittel und Gerhard Friedrich (Hrsg.), *Theologisches Wörterbuch zum neuen Testament*, Kohlhammer, Stuttgart 1933–79, 10. Bd.

Strauss, Leo, *Einige Bemerkungen über die politische Wissenschaft des Hobbes*, in Ders., *Gesammelte Schriften*, III: *Hobbes' politische Wissenschaft und zugehörigen Schriften – Briefe*, hrsg. von Heinrich Meier und Wiebke Meier, Metzler, Stuttgart und Weimar 2001.

Stroumsa, Guy Gedaliahu, *La Fin du sacrifice. Les mutations religieuses de l'Antiquité tardive*, Odile Jacob, Paris 2005.

Suárez, Francisco, *Opera omnia*, XIII, hrsg. von Charles Berton, Vivès, Parisiis 1859.

Tertullian, *De baptismo*, in Jacques-Paul Migne (Hrsg.), *Patrologiae cursus completus. Series latina*, II

–, *Adversus Judaeos*, in Jacques-Paul Migne (Hrsg.), *Patrologiae cursus completus. Series latina*, II

Thomas von Aquin, *Scriptum super Sententiis magistri Petri Lombardi*, IV, hrsg. von Marie-Fabien Moos, Lethielleux, Parisiis 1947.

Varro, *On the Latin Language*, hrsg. von Roland G. Kent, Heinemann-Harvard University Press, London und Cambridge (Mass.) 1967, 2 Bde.

Vitale, Antonio, *L'ufficio ecclesiastico*, Jovene, Neapel 1965.

Victorinus, Marius, *Contra Arium*, in Ders., *Traités théologiques sur la Trinité*, hrsg. von Paul Henry und Pierre Hadot, Éditions du Cerf, Paris 1960, 2 Bde.

Vogüé, Adalbert de (Hrsg.), *La Règle du Maître*, Éditions du Cerf, Paris 1964, 2 Bde.

WERNER, ERIC, *The Sacred Bridge. The Interdependence of Liturgy and Music in Synagogue and Church During the First Millennium*, Dobson, London 1959.

Namenregister

Giorgio Agamben

Die Macht des Denkens

Gesammelte Essays

Aus dem Italienischen von Francesca Raimondi

448 Seiten. Gebunden

Neben seinen großen Büchern hat der international bekannte Philosoph Giorgio Agamben kleinere Texte und Essays verfasst, die ebenso nachhaltig die jeweiligen Diskussionen beflügelt haben. Die wichtigsten aus den letzten 20 Jahren hat er in einem Buch versammelt, das nun zum ersten Mal vollständig auf Deutsch vorliegt. Darin begegnen uns alle Motive seines Denkens in überraschender, neuer Form: Ob es sich um die Auseinandersetzung mit Walter Benjamin, Aby Warburg, Max Kommerell oder Martin Heidegger handelt oder um Themen wie Ursprung und Vergessen, Bildlichkeit, Immanenz und Faktizität, immer gelingt es Agamben, seinem Gegenstand ungewöhnliche und überraschende Einsichten abzugewinnen – ein Meister auch der kleinen Form.

S. Fischer

fi 1-000534 / 1

Giorgio Agamben
Höchste Armut
Ordensregeln und Lebensform
Aus dem Italienischen von Andreas Hiepko
208 Seiten. Gebunden

Was wird aus der Regel, wenn sie im Leben restlos aufzugehen scheint? Und was aus dem Leben eines Menschen, wenn seine Gesten, seine Worte und sein Schweigen von der Regel nicht mehr zu unterscheiden sind?

In Fortschreibung seines groß angelegten Homo-Sacer-Projekts unternimmt Giorgio Agamben eine Relektüre des abendländischen Mönchtums von Pachomius bis St. Franziskus. Doch auch wenn er das Leben der Mönche bis ins Detail rekonstruiert, sieht Agamben die eigentliche Innovation des Mönchtums in der Entdeckung einer Dimension des Menschen, in der das »Leben« als solches zum ersten Mal seiner Autonomie Geltung verschaffte.

»[…] besonders interessant und höchst aktuell.«
Michael Opitz, Deutschlandradio Kultur

Daniel Heller-Roazen
Der Innere Sinn
Archäologie eines Gefühls
Aus dem Amerikanischen von Horst Brühmann
509 Seiten. Gebunden

Es war vermutlich Aristoteles, der als Erster einen dem Menschen eigentümlichen Sinn entdeckte: den Sinn wahrzunehmen, dass man wahrnimmt. Daniel Heller-Roazen unternimmt in seinem Buch nun dessen Archäologie: In 25 Kapiteln zeichnet er die verschlungenen Wege dieses besonderen Sinns bei Denkern vom antiken Griechenland über die großen arabischen Gelehrten bis zum 20. Jahrhundert und in Disziplinen von der Philosophie über Psychologie und Literatur bis zu medizinischen Abhandlungen nach. »Der innere Sinn« ist eine originelle, elegante und weitreichende philosophische Untersuchung der Frage, was es bedeutet, dass man sich lebendig fühlt.

»Heller-Roazens Buch erinnert uns an ein Gefühl,
dessen Existenz wir immer vermutet, dessen Namen wir
jedoch vergessen hatten – und lässt uns innehalten
und immer wieder darin lesen, um zu versuchen,
es erneut wachzurufen.«
London Review of Books